DES PROLÉGOMÈNES

DE

LA RHÉTORIQUE.

PAR

F. A. DUBOURG,

LICENCIÉ ÈS-LETTRES, AGRÉGÉ DES CLASSES DE GRAMMAIRE ET DES CLASSES
DES LETTRES.

Περὶ πάντα τὰ λεγόμενα μία τις τεχνή,
εἴπερ ἐστὶν αὕτη ἂν εἴη.

PLATON, chap. 44 du Phèdre.

Una est eloquentia quascumque in oras
disputationis regionesve delata est.

CICERON, de Oratore, liv. 3, chap. 6, § 22.

PARIS,

IMPRIMERIE DE MOQUET ET COMPAGNIE,
RUE DE LA HARPE, 90.

1840

A MON PÈRE,

*Humble et faible hommage de respect,
de reconnaissance et d'amour.*

AVERTISSEMENT.

Prouver, 1° que l'éloquence est un fait ou bien un pouvoir susceptible de suivre la pensée dans toutes les directions que celle-ci peut prendre et sous toutes les formes d'expression qu'elle peut recevoir;

2° Que l'art oratoire est l'éloquence positivement dirigée vers un but pratique et généralement immédiat;

3° Que la rhétorique, théorie de l'art oratoire et non pas de l'éloquence, ne pouvait, ni ne devait s'adapter rigoureusement à toute l'étendue de cet art; qu'elle a bien fait de se fixer au barreau; et que sa fortune s'explique, d'un côté, par l'immensité de sa portée, de l'autre, par sa réserve : tel est l'objet de nos études sur les prolégomènes de la rhétorique.

Cet objet est simple, ainsi qu'on le voit, peut-être même l'est-il trop. Car il n'est personne, sans doute, qui n'ait fait, entre ces deux mots *éloquence*, et *art oratoire*, une différence qui semble s'offrir d'elle-même. Mais si nous avons vu cette différence partout pressentie, nous ne l'avons trouvée nettement formulée nulle part ; et, si nous l'avons rencontrée tout d'abord, et sans aucune peine, il nous a fallu tout au contraire bien des travaux et bien des recherches, quand nous avons essayé de l'établir ou de la fixer. Y sommes-nous du moins parvenus, et avons-nous, sur notre route, découvert des aperçus et des faits capables de dédommager nos lecteurs du peu d'importance d'un résultat, au fond très minime, et qui pourtant nous a bien coûté ? ce n'est point à nous de le décider. Nous nous contenterons de dire que nous le souhaitons. Nous réclamons dans tous les cas un peu d'indulgence pour le ton trop haut sans doute, que, sans nous en apercevoir, nous avons pris quelquefois, non pour faire à personne une illusion, que nous n'aurions point, comme on le voit, partagée ; mais bien pour nous soutenir et nous animer un peu dans notre travail.

Nous avons consciencieusement indiqué tout ce dont nous nous sommes aidés dans nos recherches.

Le Phèdre de Platon, la rhétorique d'Aristote,

Quintilien, le dialogue de Tacite sur les orateurs, Hermogène, Longin, les articles de Marmontel, les livres de Campbell et de Whately, et ceux de M. Villemain, ont constamment été dans notre mémoire ou sous nos yeux. Pour ce qui est des trois grands traités oratoires de Cicéron, nous ne saurions dire nous-même combien de fois il nous est arrivé de les relire. Si nous étions déjà, par goût, quelque peu cicéronien, nous le somme devenus tout-à-fait ; et, si nous nous en rapportions aux mots célèbres de Quintilien, et du grand Arnaud, nous pourrions croire *avoir profité*.

Quatre livres nous ont offert, d'un autre côté, une bibliographie à peu près complète de la rhétorique. Ce sont : 1° le Συναγωγη Τεχνων, de Léonard Spengel ;

2° La thèse de M. E. Gros sur l'*Etat de la Rhétorique chez les Grecs, depuis sa naissance jusqu'à la prise de Constantinople* ;

3° L'ouvrage de Gibert, intitulé : *Jugements des savants, sur les auteurs qui ont traité de la rhétorique* ;

4° Enfin le livre de M. Ferri, qui a pour titre : de l'*Eloquence et des Orateurs anciens et modernes*.

Une chose surprendra peut-être nos lecteurs,

car elle nous a désagréablement surpris nous-
même ; c'est que nous n'avons presque jamais cité
Fénelon que pour le combattre.

Pour nous justifier, nous ne dirons point avec
Gibert, bien plus sévère que nous envers l'auteur
des Dialogues sur l'Éloquence (voir *Jugements
des Savants*, tome III, page 477), que cet ouvrage est un essai de la jeunesse de Fénelon, qui
ne le publia point lui-même, sans doute, parce
qu'il ne le trouvait pas digne de lui. Cette raison
nous paraît mauvaise ; car ces dialogues, malgré
les quelques erreurs et de doctrine et de fait qu'on
y peut reprendre, sont à tous égards un livre
digne de Fénelon ; et, de plus, nous retrouvons
exactement les mêmes vues et les mêmes principes dans la lettre à l'Académie Française, qui est
bien de la maturité de l'auteur du Télémaque.

Les erreurs littéraires de Fénelon nous paraissent tenir uniquement à la délicatesse, peut-être
excessive d'un goût qui ne connaissait et ne pri-
sait qu'un petit nombre de beautés exquises.

On sait que l'architecture gothique est pour
lui le symbole ou le type du mauvais goût ; que
le premier il attaqua, comme *amené seulement
par le besoin de la rime*, le beau vers, disons
mieux, le vers absolument nécessaire qui suit,
dans Corneille, le *qu'il mourût*, du père des Ho-

races) et que, le premier aussi, il traita de pur hors-d'œuvre dans la Phèdre de Racine, la narration de Théramène si aisée à défendre contre cette injuste critique. Mais ce n'est pas tout. En élevant Molière au-dessus de Térence pour la force comique et l'étude des caractères, Fénelon trouve qu'il *parle mal*, qu'il *écrit mal en prose et surtout en vers*; il lui reproche sérieusement *les phrases les moins naturelles et les plus forcées* et *des métaphores qui approchent du galimathias.*

Voilà, par exemple, un jugement auquel personne aujourd'hui n'oserait souscrire. Disons donc de Fénelon, en le considérant du moins comme critique, ce qu'il dit lui-même de Molière : *Encore une fois, je le trouve grand ; mais ne puis-je parler, en toute liberté, sur ses erreurs ?* C'est le mot de Quintilien, *summi erant ; homines tamen.*

Au siècle d'Auguste existait un grand seigneur, à la fois orateur, historien et poète. C'était Pollion. Comment jugeait-il les grands poètes contemporains, auxquels il doit presque toute sa renommée ? nous l'ignorons. Mais nous savons qu'il était envers les prosateurs d'une sévérité tout à fait hypercritique ; qu'il trouvait des inexactitudes dans les commentaires de César, et de la *Patavinité*, dans Tite-Live ; qu'il traitait plus rudement encore Salluste, dont tout le mérite à ses yeux, était de s'être fait faire par le grammairien Ateïus, une sorte de mosaïque des mots et des phrases du vieux Caton.

Eh bien, si nous osons le dire, quelques-unes des critiques de Fénelon offrent un certain rapport avec celles de Pollion. Mais si celles du grand seigneur et bel esprit de la cour d'Auguste, furent peut-être inspirées par l'envie, celles de Fénelon, hâtons-nous de le redire, viennent uniquement d'un goût qu'une délicatesse excessive rendit, comme il est arrivé souvent, exclusif.

DES PROLÉGOMÈNES

DE

LA RHÉTORIQUE.

Περὶ πάντα τὰ λεγόμενα μία τις τεχνὴ,
εἴπερ ἐστὶν αὕτη, ἂν εἴη.

PLATON, chap. 44 du Phèdre.

Una est eloquentia quascumque in oras
disputationis regionesve delata est.

CICÉRON, de Oratore, liv. 3, chap. 6, § 22.

INTRODUCTION.

Histoire abrégée de la rhétorique.—Position de la question.

Vers le commencement du cinquième siècle avant l'ère chrétienne, apparut, au milieu des Grecs établis dans la Sicile, un art qu'on nomma la Rhétorique. Ceux qui les premiers en firent profession, les Syracusains, Corax et Tisias, puis le célèbre Gorgias de Leontini, disciples du philosophe Empédocle, avaient, dit-on, recueilli, soit de l'enseignement oral, soit des écrits de leur maître, les vues qui devaient servir de fondement au nouvel art. Bientôt le renom que cette invention donne aux Siciliens leur suscite des émules sur tous les points de la Grèce ; et partout des écoles des philosophes on voit sortir des rhéteurs.

De la lutte des écoles philosophiques de l'Italie et de l'Ionie le scepticisme était déjà né. L'art sicilien devient pour la philosophie du doute un de plus actifs et des plus puissants véhicules. Dédaignant le vrai duquel les philosophes eux-mêmes leur avaient sans doute appris à désespérer, les rhéteurs ou sophistes, car à cette époque, ainsi qu'il arriva plus tard, ces deux dénominations furent bien souvent confondues, ne s'attachent qu'au vraisemblable dont l'empire sur l'opinion leur paraissait assuré.

Enseignant à la Grèce la théorie d'un art qu'elle pratiquait bien avant de savoir que c'en fût un, d'un art qui s'adaptait merveilleusement à ses besoins, à ses goûts, à son tempérament et son caractère, ils devaient à peu près partout trouver de nombreux adeptes : ils en devaient surtout trouver dans Athènes, où l'on était plus grec que partout ailleurs, et où les sciences, les arts et les lettres jusque là dispersés dans les îles et les colonies de l'Hellade semblaient alors s'être donné rendez-vous. Athènes non seulement accepte, mais s'approprie l'art qu'avait inventé la Sicile. C'est dans ses murs, c'est auprès de son Isocrate que bientôt on vient de toutes parts en étudier les secrets.

La fortune et les succès des rhéteurs ne tardent pas à leur attirer des ennemis. La profession qu'ils font trop généralement d'apprendre à soutenir le pour et le contre, à donner à une mauvaise cause les couleurs de la justice et de la vérité, excite à la fois et l'admiration du vulgaire, et sa défiance et sa haine.

D'un autre côté, l'apparence d'immoralité que cet art, ainsi compris, semblait présenter, l'appui qu'il pouvait prêter aux ambitieux courtisans du peuple, aux méchants, lui valent et la réprobation de Socrate et l'inimitié de Platon.

Ce dernier l'attaque dans le Phèdre comme frivole, inefficace et incapable d'atteindre ce qu'il s'est posé pour but. Dans le Gorgias, il paraît aller bien plus loin encore, et, confondant cet art avec la politique à laquelle il servait parfois d'instrument ; politique que, malgré l'anachronisme de l'expression, on pourrait appeler machiavélique , il semble l'attaquer comme funeste et corrupteur.

L'hostilité dont la philosophie poursuit ainsi, presque à sa naissance, un art qui pourtant était sorti de son sein, fut, comme nous l'apprend Cicéron, un de ces points assez rares, sur lesquels s'unirent toutes les écoles qui procédèrent de Socrate, c'est-à-dire, toute la philosophie grecque des temps postérieurs.

Une hostilité si redoutable, à laquelle la politique romaine joignit parfois sa réprobation, n'ébranla pas toutefois la rhétorique et n'arrêta point sa fortune. Elle resta toujours pour la Grèce entière, et devint bientot pour Rome τεχνη, *ars*, l'art par excellence , l'art dont l'objet était si connu, et jugé si supérieur à tout autre qu'on se dispensait de l'indiquer.

Bien plus, emportés par le torrent contre lequel ils s'aperçoivent sans doute qu'ils lutteront en vain, les philosophes croient devoir approfondir cet art , dont tous les esprits se préoccupent. Déjà dans le Phèdre, à côté de l'amère critique de la doctrine des premiers maîtres, Platon , se traçant peut-être à lui-même sa rhétorique , où, si l'on veut, sa poétique, ébauche d'une main hardie le plan d'un art véritablement digne de ce nom.

Bientôt après Aristote ne dédaigne point de recueillir ce qui lui paraît de quelque valeur dans la doctrine des premiers rhéteurs , peut-être trop sévèrement jugés par Platon. Puis il éclipse ou fait oublier leurs travaux. Du plan si large que son maître avait esquissé dans le Phèdre, il exécute tout ce qui se pouvait exécuter, et écrit cette rhétorique si substantielle, dans laquelle Bacon (1) voyait le chef-d'œuvre du penseur que Dante appelle *le maître de ceux qui savent* (2).

Après eux , après Théophraste, le disciple, le successeur d'Aristote, et qui, comme lui, écrivit sur la rhétorique , vous chercheriez en vain une école philosophique où de

loin en loin, on ne compte au moins un ou deux rhéteurs.
En dépit de l'austérité de son langage et du peu de chance
d'action que l'étrangeté de ses principes et son rigorisme
lui laissaient sur l'opinion, le portique lui-même s'est occupé de cet art; et en fit, une de ces prérogatives qui,
comme l'on sait, ne pouvaient appartenir qu'à son sage.

Il est une remarque qui rend plus étrange encore la fortune de la rhétorique, et que l'on ne peut guère s'empêcher de faire en parcourant les interminables listes, et examinant les dates de tous les ouvrages que l'antiquité grecque
et latine lui ont consacrés; c'est qu'elle ne fut jamais plus
cultivée qu'aux temps où l'on pouvait, ce semble, le moins
la mettre en pratique. C'est que les plus remarquables, sans
contredit, des livres dont nous parlons, ne parurent qu'à
des époques où les grandes carrières de l'art oratoire allaient
se fermer, si même elles n'étaient pas déjà closes, et parfois depuis bien longtemps.

Denys d'Halicarnasse établit très bien dans un docte et
curieux mémoire [1] que la rhétorique d'Aristote ne parut
qu'après que Démosthène eut prononcé et publié tous ses
chefs-d'œuvre; elle ne parut donc qu'au moment où la domination macédonienne affermie enlevait pour toujours à
l'éloquence grecque ce qu'Isocrate et Aristote avaient jugé
son plus noble champ, l'*Agora*, et ne lui laissait d'autre
lice que la plaidoirie vulgaire et les discours d'apparat, ou
comme on les nommait, les Panégyriques.

On sait à quelle époque Cicéron composa ses trois grands
traités sur l'art oratoire. Le *de Oratore* fut écrit à son retour
de l'exil, cinq années seulement avant qu'éclatât la guerre
civile : le Brutus et l'Orator le furent sous la dictature de
César.

---

[1] 1re Lettre à Ammæus, tome II, page 1re de l'excellente édition
et traduction des œuvres critiques de Denys d'Halicarnasse par
M. E. Gros.

Quel temps restait alors dans Rome à cet art dont Cicéron publiait et l'histoire et la théorie?

Quelques années à peine, et juste ce qu'il fallait de temps au grand orateur pour écrire et payer de sa vie ses immortelles Philippiques, cette oraison funèbre de la liberté romaine, comme celles de l'orateur athénien, l'avaient été des libertés de la Grèce.

Octave arrive au pouvoir, et, comme le dit quelque part Tacite, il *pacifie l'art oratoire* ¹, ce qui signifie qu'il le mutile et le réduit comme l'avaient fait les Macédoniens dans la Grèce, à cette plaidoirie vulgaire, ou bien au vide et pompeux babil des déclamateurs dont tout le génie du monde ne parviendrait pas à faire une œuvre oratoire, dans le sens élevé que Cicéron donnait à ce mot.

Que dire maintenant des travaux de Denys d'Halicarnasse, de Quintilien, d'Hermogène et de Longin ? Quelle était, à l'époque où écrivaient ces judicieux et savants rhéteurs, la carrière ouverte à l'art oratoire? Il en était une, il faut le dire, qui commençait à s'ouvrir ; et Longin l'entrevit peut-être, lui qui lisait les saints livres, citait le début de la Genèse comme éminemment sublime, et sous le nom d'*Athlète du dogme qui ne se prouve point*, mettait *Paul de Tarse* à côté de Démosthène, d'Hypéride et de Platon (3).

Mais il est superflu d'en avertir, ce ne fut point en vue de cette éloquence nouvelle que travaillaient ces rhéteurs; et leurs livres, si pleins de science et de goût, n'étaient, à vrai dire, que de précieux commentaires propres uniquement à faire sentir et comprendre, disons mieux, à faire admirer et regretter plus vivement l'art perdu de Démosthène et de Cicéron.

Toutefois, l'univers entier s'obstine à l'étude d'un art

---

¹ Maximi principis disciplina, ipsam quoque eloquentiam sicut omnia alia pacaverat. Dialogus de oratoribus. Cap. xxxviii.

qui, dans les temps antérieurs, n'a compté que deux siècles d'éclat, l'un dans la Grèce, l'autre à Rome ; d'un art dont l'application digne et sérieuse devait paraître impossible.

Dans l'empire grec, les querelles théologiques, au milieu desquelles cet empire traîne si longtemps sa défaillance et son agonie, n'empêchent point d'étudier le petit livre d'Aphtonius, et de commenter ou d'abréger Hermogène.

Il y a plus, cet art, qu'on peut dire toucher au bout de sa décadence, n'en fait pas moins alors de nouvelles conquêtes ; il pénètre dans les langues de l'antique Orient. Le docte Moïse de Chorène (4) l'introduit en Arménie. Plus tard, il entre dans le vaste empire des califes et dans les écoles musulmanes. S'il n'y crée point d'orateurs proprement dits, ce qui était impossible, il y fait naître au moins dans l'auteur du Mécamat (5), et dans les émules de Hariri des parleurs diserts et d'élégants écrivains qui, sans le savoir, et par identité de position, continuent ou renouvèlent le genre qu'avaient cultivé jadis Dion Chrysostôme, Maxime de Tyr, Ælius Aristide, Lucien, Apulée, Thémiste et Libanius.

Lorsqu'à la chute de l'empire, les lettrés de Byzance arrivent en Occident, ils y trouvent également la rhétorique en honneur.

Avec ses institutions, ses mœurs et sa langue, Rome avait propagé l'art grec dans toutes les provinces conquises, et particulièrement dans les Gaules et les Espagnes ; souvent même ces provinces avaient eu la gloire de fournir à la métropole ses parleurs les plus habiles et ses plus savants rhéteurs. Dans l'Occident comme en Orient, l'on avait jusqu'à la fin et sans plus de fruit et de raison apparente cultivé la rhétorique (6). Elle n'est point oubliée au moment où s'ouvre le moyen-âge, dans les compilations de ces hommes qui, comme Boëce et Cassiodore en Italie, Isidore de Séville en Espagne, Beda parmi les Anglo-Saxons, Alcuin en France, songent pieusement à recueillir, pour les transmettre au monde qui commence, les débris de la science du monde qui vient de finir.

Et quand avec l'université s'organise le système des études du moyen âge, la rhétorique y est aussitôt introduite, et figure avec honneur dans la 1re des deux divisions de l'enseignement, dans ce qu'on nommait le *Trivium*; on sait sa fortune depuis l'époque célèbre que l'on a nommée la renaissance. On sait avec quelle ardeur les érudits se mirent de toutes parts à débrouiller les textes et éclaircir la doctrine des rhéteurs anciens ; combien de fois leurs livres ont été commentés, traduits, et surtout résumés pour les écoles; et par cette incomplète et rapide esquisse de l'histoire de la rhétorique, on voit que depuis son origine, elle a toujours été considérée comme une portion essentielle, comme un complément nécessaire de toute éducation libérale.

A quoi peut tenir une pareille fortune ?

Pourquoi cet art, que la philosophie parut vouloir étouffer dans son berceau, auquel elle allait jusqu'à refuser le nom d'art, est-il resté pour la Grèce l'*art* par excellence ? Pourquoi l'est-il plus tard devenu pour Rome ?

Pourquoi surtout le moyen âge et les temps modernes lui ont-ils à peu près continué la même faveur ?

Pourquoi enfin partout fait-il encore de nos jours partie intégrante de l'enseignement dit classique ?

Pourquoi attacher à la rhétorique plus de prix qu'à la théorie de tout autre art, et qu'à la poétique, par exemple ?

Voilà des questions qu'il nous était souvent arrivé de nous poser, et auxquelles, après y avoir bien longuement réfléchi, il nous a paru qu'on pouvait trouver réponse dans un examen approfondi, et, nous ajouterons, dans une révision légèrement critique des prolégomènes de la rhétorique.

La définition de l'éloquence et sa division, ou plutôt la division des matières auxquelles on la juge susceptible de s'appliquer : telles sont, on le sait, les notions au déve-

loppement desquelles sont partout consacrés ces prolégomènes.

S'il n'y avait pas un peu de vague et d'inexactitude ,
osons même le dire, quelques erreurs au fond de ces notions premières ; si elles nous donnaient de l'éloquence
une idée bien juste et bien nette, la fortune de la rhétorique ne serait point un problème.

D'un autre côté si, sans peut-être que l'on s'en rendît
compte, les siècles n'avaient vu dans la rhétorique que ce
qu'elle annonce au moins au début, s'ils n'y avaient vu que
la théorie d'un art applicable à deux ou trois professions ,
disons mieux d'un métier qui s'est si rarement élevé à la
hauteur et la dignité d'un art ; l'invention faite au Ve
siècle avant l'ère chrétienne, par quelques Grecs de Sicile, n'aurait point fait tant de bruit ni conquis en quelque sorte le monde.

Mais avant d'aller plus loin, et pour qu'on ne se méprenne
pas sur notre dessein, nous croyons devoir déclarer que si
nous venons ici combattre les notions traditionelles, ce
n'est qu'au point de vue de la théorie ; nous osons même
croire que les développements dans lesquels nous entrerons
expliqueront et par suite justifieront, au point de vue de
la pratique et de l'enseignement, les vices que nous aurons
signalés dans un ordre de considérations tout opposé.

Peut-être est-il également convenable et même nécessaire
de dire que sur des idées qui, de siècle en siècle, ont été
depuis plus de deux mille ans l'objet de tant de méditations, de discussions et d'étude, nous croyons absolument
impossible de trouver des aperçus complétement nouveaux;
que telle, du moins, n'est point, à beaucoup près , notre
prétention.

C'est dans les notions traditionnelles elles-mêmes qu'il
nous a paru qu'on pouvait trouver moyen de les réformer.
Dans notre controverse, nous comptons nous appuyer
sur l'autorité tout autant que sur le raisonnement et la

pure spéculation ; nous nous ferons un plaisir au moins autant qu'un devoir de rendre à chacun l'honneur des aperçus que nous lui aurons empruntés.

Nous croirions enfin avoir pleinement atteint le but que nous nous étions proposé, si de tant d'écrits relatifs à l'éloquence, écrits souvent supérieurs que nous ont laissés les anciens et les modernes, mais particulièrement les premiers, nous parvenions, par voie de rapprochement et de conjecture, à dégager l'idée que l'on doit s'en faire, idée dont on est souvent approché d'aussi près qu'il est possible, nous dirons plus, que l'on a souvent touchée, et que la préoccupation du point de vue pratique a seul empêché sans doute de formuler bien nettement.

PREMIÈRE PARTIE.

Au premier rang, parmi ces notions traditionnelles qui constituent ce que nous avons nommé les prolégomènes de la rhétorique, se trouve l'analyse ou la décomposition des éléments du pouvoir, quel qu'il soit du reste, que les hommes ont toujours vu, soit dans l'éloquence en général, soit en particulier dans l'art oratoire. Ce pouvoir, nous disent d'une voix unanime tous les rhéteurs, est complexe ; il se compose de trois éléments distincts, et, pour l'exercer, il faut instruire, il faut plaire, il faut toucher.

Certes, cette analyse, qui paraît remonter à l'origine même de la rhétorique (car, dans les plus anciens traités, nous ne voyons personne la revendiquer comme son invention), suppose, dans celui qui l'a faite, un talent d'observation vraiment remarquable, une finesse d'esprit peu commune ; et la rhétorique était là tout entière jusqu'en ses derniers et plus minces détails.

Là surtout était la véritable notion que l'on se doit faire de ce qu'elle a pris pour objet ; là était au moins en germe une définition de l'éloquence tirée, non d'un but qui n'est point toujours le même, ni d'un moyen qui lui aussi peut varier, mais de ce qui ne peut changer, de sa nature intime ou de son essence.

Aussi quelque rebattue que soit l'analyse dont nous parlons, à raison de son importance, et surtout de son rapport avec le but de notre travail, on nous pardonnera peut-être de passer rapidement en revue chacun des trois éléments qu'elle nous montre dans l'éloquence.

Analyse des divers éléments qui entrent dans l'éloquence.

Instruire est, nous dit-on, le premier.

Qu'est-ce qu'instruire? C'est une action qui s'exerce sur l'intelligence de nos semblables, leur apprend ce qu'ils ignorent, leur rappelle ce qu'ils auraient oublié, leur fait comprendre ce qu'ils n'auraient pas compris, croire ce qu'ils auraient rejeté; elle peut même aller plus loin; elle peut, en stimulant les esprits, leur faire trouver plus que nous ne leur disons, plus que nous n'avons trouvé nous-mêmes (7).

Elle suppose évidemment, dans celui qui l'exerce, premièrement la connaissance de ce qu'il expose, de la science ou de l'ordre de sciences dont la matière qu'il traite fait partie, et secondement aussi le talent ou l'art qui consiste à présenter ses idées de manière à les faire comprendre, approuver et retenir, art ou talent qu'on peut assez indifféremment appeler du nom de méthode ou de dialectique.

Plaire est le second élément.

Qu'est-ce que plaire? C'est, nous répondent les plus judicieux rhéteurs, premièrement donner de soi, de son caractère, de ses mœurs une opinion favorable, et qui prédispose ceux sur lesquels on veut agir à nous accorder créance;

C'est, en second lieu, observer avec eux tout ce qu'exige l'art si compliqué, mais si nécessaire, de ce qu'on nomme les bienséances;

C'est, troisièmement, c'est surtout l'art d'adapter ce que l'on propose au tour d'esprit, aux inclinations, au caractère de ceux auxquels on s'adresse.

De cette nouvelle analyse, qui n'est ni moins juste ni moins fine que la précédente, il résulte que le second élément de l'éloquence, celui que les Grecs appelaient du nom d'ἦθος, (8) n'est autre chose qu'une action exercée non plus sur l'intelligence comme la première, mais bien sur la volonté, et que, dans celui qui l'exerce, elle suppose une connaissance profonde et de l'homme en général, et des hommes sur lesquels on veut agir.

En d'autres termes, elle suppose le tact d'un homme du monde, l'art du politique ou du courtisan.

Toucher est le troisième élément.

3me Élément. Qu'est-ce que toucher ? C'est, nous disent toujours les rhéteurs, remuer dans les profondeurs de l'âme les passions, ces puissants mobiles de l'activité humaine, de la volonté. Dans ce nouvel élément, nous découvrons donc une nouvelle action encore exercée sur la volonté, ainsi que la précédente, mais avec une force incomparablement plus grande ; car, si la première séduit et attire, celle-ci entraîne et commande avec empire. Dans celui qui l'exerce, cette dernière action suppose d'abord une sensibilité vive où puisse naître l'émotion qu'il est besoin de communiquer ; une imagination féconde qui fournisse à l'émotion ce qui doit l'alimenter, c'est-à-dire de ces choses qui se voient, nous dirions presque se touchent ; et troisièmement enfin une force de tête et de volonté qui maîtrise l'émotion, la contienne dans les limites où il faut qu'elle reste, et la dirige dans le sens où elle doit aller ; autrement cette action suppose les talents ou qualités qu'on demande au peintre, au poète, et généralement à l'artiste, si du moins on se fait des arts l'idée que l'on s'en doit faire, si on les voit tels qu'ils sont et dans leur essence ; nous voulons dire expressifs et non pas imitatifs.

Appréciation et critique de quelques vues un peu différentes.

Nous attachant aux points sur lesquels presque tout le monde est d'accord, nous avons dû laisser sur notre route quelques divergences plus apparentes peut-être encore que réelles.

Nous avons dû, par exemple, laisser Platon établir une distinction, juste si l'on veut, mais au fond assez peu utile, du moins au point de vue où nous nous plaçons, entre l'instruction réelle que donne la science, et l'instruction apparente ou la croyance que produit l'art oratoire ; distinction qui revient à celle que les rhéteurs eux-mêmes établissaient entre le vraisemblable et le vrai.

En disant qu'instruire était le premier élément, nous n'avons point ajouté qu'à ce terme on avait mainte fois substitué celui de *prouver,* qui paraît plus juste au premier abord, mais qui a l'inconvénient d'enfermer l'éloquence dans le cercle de la controverse.

Nous n'avons point averti que Pascal (9) confondait l'élément par lequel on touche avec celui qui consiste à plaire, confusion très concevable, on peut même dire très logique, puisque les deux actions qui les constituent s'exercent, comme nous l'avons vu, sur une seule et même faculté; et qu'entre ces deux actions, comme Cicéron l'a judicieusement remarqué ¹, il existe une analogie qui ne permet pas toujours de les distinguer bien nettement, et de dire où l'une finit, où l'autre commence.

Nous n'avons point non plus montré Fénélon, par une inadvertance plus singulière, confondant l'art de plaire avec les jeux du faux bel esprit, et, sous ce prétexte, bannissant de l'antique analyse de l'éloquence l'élément qui prédominait dans la sienne, pour lui substituer, dans ce qu'il appelle l'art de *peindre* (10), un élément qui s'y trouve aussi sans contredit, mais, ainsi que nous l'avons vu¹, sur un plan qu'on peut appeler secondaire.

Nous devons bien moins encore entrer ici dans les discussions auxquelles a donné lieu la question de savoir quel est de ces trois éléments celui qui devrait prédominer, et celui qui prédomine de fait dans le pouvoir que l'on appelle éloquence.

¹ De oratore lib. 2, chap. LIII, § 212.

Nous n'entrerons point en cette question, parce que, posée dans cette généralité, elle nous paraît insoluble, mais surtout parce que nous pensons, nous éloignant ici de l'opinion reçue par la majorité des rhéteurs, que la présence ou la réunion de ces trois éléments n'est pas toujours rigoureusement nécessaire pour constituer l'éloquence. Il peut, selon nous, y avoir éloquence non seulement dans une œuvre d'où l'un de ces trois éléments serait banni, mais là même où l'on ne saurait bien nettement en trouver qu'un seul.

Nous supposons, on le comprend aisément, le cas où cet élément, quel qu'il soit du reste, est le seul auquel on puisse avoir droit de s'attendre, le seul qui soit véritablement de mise.

Mais ceci fait une question nouvelle, ou plutôt c'est la question capitale ; nous aurons bientôt à l'examiner sous toutes ses faces.

Arts ou sciences avec lesquels la rhétorique entre en rapport
par chacun des trois éléments de l'éloquence.

Revenons maintenant à l'analyse que nous avons prise, ainsi que tous les rhéteurs, pour notre point de départ, nous pensons que l'on y peut trouver tout d'abord le secret de la fortune de la rhétorique.

1er Rapport.

Par le premier élément, comme Platon l'avait dit dans le Phèdre, et comme Aristote le dit après lui, elle tient à la dialectique : c'est une dialectique usuelle ; et qui veut se mettre à portée de tous.

Dans cette vue, d'une part elle abandonne le syllogisme pour l'enthymème et ouvre le poing que la dialectique savante commande de fermer ; de l'autre, se tenant dans la région moyenne des idées, elle ne prend ses principes qu'à la hauteur où la vue commune peut s'élever, et n'en suit les

conséquences qu'au degré de profondeur où cette vue commune peut descendre.

Comme la dialectique proprement dite, elle n'a, si ce n'est
quelques-unes des lois de l'intelligence humaine, aucun objet
propre de connaissance ; mais en revanche, elle enseigne à
développer aux autres toutes les connaissances que les autres sciences peuvent nous donner. Sans plus d'immoralité
que la dialectique, elle peut, elle doit même, comme le dit
Aristote, apprendre à soutenir les contraires. Ce n'est point
une science, c'est un instrument, bien souvent même
c'est une arme.

Par le second élément, la rhétorique, comme le remarque encore Aristote [2], tient à l'ensemble des sciences
morales, et surtout à la politique. C'est une sorte de politique usuelle, et que tout le monde pratique plus ou moins.
Ici, point encore d'objet propre de connaissances, si ce
n'est celle des lois qui régissent la volonté humaine ou
telles volontés en particulier. Mais en revanche, l'art de se
servir dans les affaires et les relations de toutes les connaissances que peuvent sur ce point nous avoir données soit nos
spéculations, nos études, soit surtout l'expérience des
hommes et des choses ; ici encore il faut voir en elle, non
point une science, mais un instrument, et souvent une arme.
Sans honte et sans immoralité, elle peut enseigner l'art
de séduire, l'art du démagogue et du courtisan. (11) Ce
qu'il peut y avoir ici de mauvais, ce n'est point l'art,
qui n'est qu'un moyen, c'est le but. Or, ce but est bien
souvent légitime ; il peut même être honorable et pur
de tout intérêt personnel ; il peut être saint. St.-Paul
se vantait de *s'être fait tout à tous pour tout conquérir
à Jésus-Christ*. Et, pour ce qui est de Platon, quand
il recommandait à Xénocrate, de *sacrifier aux Grá-
ces*, ou reprochait à Dion de n'être point assez populaire
ou *serviable*, quand il disait à ce dernier que *plaire aux
hommes était l'indispensable condition de tout succès, et qu'une*

2me Rapport.

[2] Reht. liv. i, chap. 2.

réserve hautaine avait pour inévitable compagne l'isolement; il faisait réparation à la rhétorique, et passait condamnation sur le rigorisme de son Gorgias.

Par le troisième élément, la rhétorique tient à cette théorie générale des arts qu'on a nommée l'esthétique. C'est une esthétique usuelle. Nous ne pouvons plus nous appuyer ici sur un texte d'Aristote qui, comme Cicéron, nous paraît avoir soupçonné le nouveau rapport, mais sans le formuler ; ce qu'il avait fait pour les deux autres. Mais au défaut d'un texte précis, nous avons à cet égard quelque chose de plus fort encore, un fait qui n'a point été, que nous sachions, assez remarqué. Si vous en exceptez la poétique d'Aristote, et quelques dialogues de Platon, dont un encore est relatif à la rhétorique, c'est dans les rhéteurs seuls que se trouve ce qu'on peut appeler l'esthétique de l'antiquité. Rien ne s'explique mieux que ce fait. L'étymologie du mot esthétique nous montre dans cette science une théorie de la sensibilité morale et des moyens de la mettre en jeu : et l'on sait d'une autre part que, pour aller au cœur, il faut frapper l'imagination, faculté sur les lois de laquelle repose l'esthétique. Ce troisième et dernier rapport n'est donc ni moins réel, ni moins sûr que les deux autres. Ici encore point d'objet propre de connaissance, si ce n'est, comme on vient de le voir, celles des lois qui régissent l'imagination et la sensibilité. Mais en revanche, l'art qui se sert de la connaissance de ces lois pour exercer sur les âmes l'action la plus énergique, l'art de manier une chose qui, dit très bien Marmontel, *tient de la nature du feu, qui, comme le feu, est à la fois d'un extrême danger et de la plus grande utilité.* [2]

Que sans immoralité la rhétorique puisse encore enseigner cet art, cela nous semble évident. Ce n'est point elle qui a fait l'homme, et même pour le réformer, il faut l'accepter et le prendre tel qu'il est. Ce n'est pas sa faute si, selon l'ingénieuse comparaison de Plutarque, la volonté

[1] 4me lettre.

[2] Art pathétique dans l'Encyclopédie.

sans passion est un vaisseau qui pour partir attend que le vent vienne enfler sa voile. Ici encore l'immoralité ne peut être dans l'art qui n'est qu'un moyen, mais dans le but qui, s'il est trop souvent mauvais, peut être bien souvent aussi pur et légitime.

Conséquences à déduire de ces trois rapports.

Dialectique usuelle, politique usuelle, esthétique usuelle, voilà donc toute la rhétorique ; et pour le dire en passant, telle est aussi sa vraie division, division si naturelle que par la force même des choses elle revient et perce sous la division commode, mais un peu factice que l'on a tirée du nombre des opérations par lesquelles avait à passer l'œuvre oratoire. Pour peu maintenant qu'on réfléchisse sur la nature humaine, ses instincts et ses besoins, on comprendra qu'une théorie aussi vaste, et qui avait quelque chose à dire et apprendre au dialecticien, au courtisan, à l'artiste, portait en elle des chances de succès à peu près indépendantes du plus ou moins d'éclat, ou même de l'existence de l'art spécial en vue duquel elle avait d'abord été conçue ; nous voulons dire de l'art oratoire.

Il y a plus ; considérée dans cette généralité, la rhétorique se pose très naturellement comme une des conclusions auxquelles devait aboutir cet ensemble d'études philologiques et littéraires que les latinistes modernes ont nommées les plus *humaines* ou les plus *humanisantes*, et qu'à leur exemple notre vieille langue universitaire appelait du doux nom d'*humanités*[1]. Ces études ne peuvent en effet développer un peu largement en nous ces facultés qui nous font hommes, sans nous stimuler plus vivement à exercer de manière ou d'autre sur nos semblables quelqu'une de ces trois actions que l'analyse fit découvrir aux premiers rhéteurs dans l'éloquence.

Ce qui nous paraît à regretter, c'est que ceux-ci, trop préoccupés, du moins au début, des usages principaux

---

[1] Humaniores litteræ.

qu'ils voyaient faire de cette triple action, n'aient rien aperçu, ce semble, par delà ces applications, plus frappantes peut-être que les autres, d'un pouvoir qui était partout; c'est qu'ils nous aient, comme conséquence de cette préoccupation, légué des définitions incomplètes, qui, en limitant prodigieusement l'étendue de l'éloquence, nous cachent par là même toute la portée de la rhétorique. Nous arrivons, on le voit, à l'examen d'une autre des notions traditionnelles, à celle même qui figure ordinairement la première, aux définitions.

Définitions anciennes.

Les définitions que les anciens nous ont données de l'éloquence, et dont on peut voir le détail dans Quintilien [1], dans Sextus Empiricus [2] et dans quelques-uns des commentateurs d'Hermogène, semblent au premier abord presque aussi variées que nombreuses : toutefois quand on les examine avec un peu d'attention, l'on ne tarde pas à voir que les différences qu'elles semblaient offrir sont purement verbales, qu'elles peuvent toutes se ramener à deux qui, elles aussi, bien comprises finissent par revenir au même. Mais pour découvrir sous cette variété de formules l'identité de toutes ces définitions, il est des choses qu'il est bon de se rappeler.

Premièrement, chez les Grecs, un seul et même terme, celui de ῥήτωρ, désignait à la fois et l'orateur et celui dont les conseils et la direction avaient formé son talent, ce que nous nommons le rhéteur.

Par suite un même terme aussi désigna tout à la fois l'art oratoire, c'est-à-dire la pratique et la rhétorique ou la théorie ; et, dans les définitions, on songeait à peu près arbitrairement tantôt à l'une et tantôt à l'autre. Cette confusion de deux idées, au fond très distinctes, passa même

---

[1] Quintilien, institutions, liv. 2, chap. 15.
[2] Sextus, adversus mathematicos, liv. 2.

des Grecs aux Latins , qui , comme nous , avaient pourtant dans leur langue un moyen de l'éviter.

Secondement l'éloquence, surtout dans celle de ses manifestations qu'on appelle l'art oratoire , suppose à peu près nécessairement d'une part un don naturel, ce que nous nommons un talent, une faculté, et de l'autre un développement méthodique , une direction raisonnée de ce talent, de cette faculté, ce que nous appelons l'art ou la théorie. Or, quoique ces deux choses n'entrent nulle part, mais moins peut-être dans l'éloquence que partout ailleurs , en dés proportions tout-à-fait égales, on conçoit pourtant très bien que les uns aient pu voir l'art, là où les autres voyaient la faculté, le talent, et réciproquement. Ceux-là, et nous sommes de ce nombre, qui dans l'éloquence voient avant tout le don naturel, ont assurément raison. C'est bien là ce qui doit passer avant tout, ce que rien ne peut suppléer , ce qui peut au besoin suppléer à tout; et rien n'est plus faux que l'adage scolastique duquel il résulterait que l'on *naît poète et que l'on devient orateur.*

Mais ceux-là non plus n'ont pas tort , qui dans l'éloquence ont vu le résultat de l'exercice, de l'observation et, partant, de la théorie. Car toutes ces choses sont nécessaires au talent pour atteindre au développement où l'appelait la nature ; et en passant par cette série d'épreuves, la nature *s'artialise,* selon l'expression de Montaigne. Là , comme partout ailleurs, l'imperfection de la nature étant, comme on le fait dire à Vauvenargues, l'origine de l'art; de même que ces deux grandes choses s'appellent et s'implorent l'une l'autre, de même aussi les deux termes qui les désignent se supposent et s'impliquent réciproquement.

Enfin , en définissant les uns ont vu le but qu'ils ont cru que se proposait toujours l'éloquence, tandis que d'autres ont été plus frappés du moyen également unique dont ils ont pensé qu'elle pouvait faire usage.

Ceci compris , si l'on examine toutes les définitions de

l'éloquence que nous a laissées l'antiquité , on trouvera , comme nous l'avons dit, qu'elles reviennent aux deux suivantes : *l'art ou le don de persuader ; l'art ou le don de bien dire.*

De ces deux définitions celle que nous avons présentée la première est aussi de beaucoup la première en date. Pour la seconde dont un texte de Sextus [1] nous représente Xénocrate comme l'inventeur, elle paraît avoir été trouvée pour échapper à quelques objections assez futiles dont la précédente était l'objet. Mais ce qui fit sa fortune, c'est qu'elle fut soutenue par tous les rhéteurs de l'école stoïque ou par ceux qui, sans être précisément stoïciens, voulurent, comme Quintilien, relever l'importance et la dignité de l'art dont ils faisaient profession. Les hommes du portique abusèrent du double sens du mot bien dire , pour faire de l'éloquence, ainsi que nous l'avons dit, une des incommunicables prérogatives de leur sage ; et s'ils n'ont pas trouvé , ils ont du moins propagé le mot célèbre et malheureusement si faux duquel il résulte contre l'évidence et les faits, que l'homme le plus éloquent s'il n'est en même temps probe et vertueux ne saurait être orateur.

Nous avons dit que bien examinées , ces deux définitions pouvaient aussi se confondre : il est bien aisé de s'en assurer. A ceux qui veulent que l'éloquence soit l'art ou le don de persuader, demandez quel est l'instrument ou le moyen de la persuasion, et ils vous répondront unanimement, la parole ou le *bien dire ;* et d'un autre côté , ceux qui la définissent l'art ou le don de bien dire , distinguent le devoir de l'orateur de la fin qu'il se propose ; son devoir, ajoutent-ils , est de bien dire , et il le remplit toujours ; son but est de persuader, et il l'atteint autant que l'état des choses et des circonstances le permet.

Ainsi donc l'antiquité tout entière paraît n'avoir trouvé

[1] Sextus, adversus mathemat. liv. ii, édition de Genève 1621, p. 65.

à l'éloquence qu'un moyen, la parole; elle paraît ne lui avoir trouvé non plus qu'un seul but, la persuasion, cette domination intellectuelle, qui, comme Pascal [1] l'a remarqué quelque part, est bien plus flatteuse encore que le pouvoir matériel, et en vue de laquelle Euripide [2] et Pacuvius [3] décernaient à l'éloquence ce titre pompeux de Reine du monde, réservé par les modernes pour une chose éminemment persuasive, l'*opinion* (12).

Définitions modernes.

Jusqu'au milieu du XVIIIe siècle, ces deux définitions, au fond à peu près indifférentes, furent indifféremment admises par presque tous ceux qui s'occupèrent de la rhétorique. A cette époque célèbre il y avait déjà trois siècles que la parole écrite avait reçu de Guttenberg, ces ailes que, sur la foi d'Homère, on eût pu croire devoir rester à jamais le privilége exclusif de la parole orale. Travaillant aussi puissamment qu'elle faisait alors à changer la face du monde, elle devait avoir conscience de sa force et sentir qu'à elle appartenait maintenant cet empire que dans les temps anciens avait possédé sa rivale. En France et en Angleterre, autrement, ce qui peut-être est digne de remarque, aux pays et dans les langues où cette parole écrite trouvait une tribune véritable et des plus retentissantes, le soupçon vint à peu près simultanément à plusieurs esprits assez distingués, qu'en croyant définir l'éloquence, l'antiquité n'avait réellement défini qu'une de ses applications, l'art oratoire; et n'avait même pas, ajoutait-on, complétement défini cette application unique.

[1] Lettre à Christine de Suède, ou dédicace du traité de la Roulette.

[2] Πειθῶ δὲ τὴν Τύραννον ἀνθρώποις μόνην. Hécube v. 775.

[3] O flexanima atque omnium *regina* rerum oratio; fragment de l'Hermione cité par Cicéron, *de oratore* liv. 2 chap. 44 § 187; et par Nonius au mot flexanima.

Cette remarque fut faite en Angleterre par l'Écossais George Campbell (13), principal du collége de Mareschal à Aberdeen, dans le livre trop peu connu parmi nous et qu'il publia à Londres en 17~6, sous le titre de Philosophie de la rhétorique.

Elle fut aussi faite en France dans l'Encyclopédie par d'Alembert et par Marmontel.

Définition de Campbell. Elle provoquait naturellement des définitions nouvelles, qui ne se firent pas attendre. Campbell vit dans l'éloquence, en la considérant dans sa plus grande latitude, *l'art* ou *le talent d'adapter le discours aux divers buts* qu'il est susceptible d'avoir : *that art, or talent by which the discourse is adapted to its end* [1].

Or, ces buts lui parurent se réduire à quatre [2] : 1º Eclairer l'intelligence ; 2º Charmer l'imagination ; 3º Remuer les passions ; et 4º enfin, Agir sur la volonté. Il observa judicieusement qu'en *général* [3], et nous tenons à ce mot, chacune de ces actions considérée comme but du discours, suppose celle qui la précède ; que la dernière dans laquelle seule réside la persuasion telle que la concevaient les anciens, suppose par conséquent assez communément [4] les trois autres, et n'en est que le résultat ; mais qu'elle dépend surtout de l'union de la première et de la troisième[4], de l'union de la preuve et du mouvement, et qu'elle consiste, si l'on veut nous passer ce mot, à *passionner* la *raison*.

Hugh Blair, [5] son compatriote et contemporain, lui prit cette définition sans en avertir ses lecteurs : l'éloquence, dit-il, consiste à *parler de la manière la plus convenable au but que l'on se propose* ; et c'est, ajoute-t-il, la meilleure

---

[1] Tom. I, liv. 1, chap. 1, p. 25.
[2] Ibid. p. 26.
[3] Ibid. p. 28.
[4] Ibid. p. 33.
[5] XXme leçon.

définition qu'on en puisse donner. Mais de tous les buts
que peut avoir la parole, celui de provoquer l'action de
nos semblables, et de diriger leur conduite, le dernier
qu'avait indiqué Campbell, lui paraissant le plus important, il approuve aussi la formule antique qui donne à
l'éloquence la persuasion pour objet.

Blair ne nous paraît pas avoir bien compris la définition qu'il empruntait : il ne s'agissait point, en effet,
de savoir quel est le plus important des buts que peut avoir
la parole ; mais si l'éloquence devait être définie d'après
un seul de ces buts, fût-il même le plus important, et
résumât-il toujours tous les autres.

Pour ce qui est de la définition du principal du collége
de Mareschal, son seul mérite, à nos yeux, est qu'elle sépare
assez nettement la partie du tout, ou l'art oratoire de l'é-
loquence ; car à cela près, elle n'est guère, et Campbell
nous en avertit lui-même [1], que la reproduction de la
formule qui fait de l'éloquence l'art de bien dire, en pre-
nant ce mot, non pas au sens stoïcien que lui donne Quintilien, non plus qu'au sens de ces atticistes, de ces sectateurs
de Lysias auxquels Cicéron a fait la guerre, mais bien au
sens large auquel l'eût pris le grand orateur. Si elle donne
à l'éloquence plus d'un but, et c'est en cela qu'elle est
juste, elle ne lui suppose d'un autre côté qu'un moyen, ou
bien si l'on veut qu'une forme ; et sous ce nouveau point
de vue, sa latitude ne nous paraît point encore assez
grande. Ajoutons que ces mots *adapter le discours à son but*,
mettent dans l'éloquence un calcul proprement dit qu'il
serait quelquefois assez difficile d'y trouver, et qu'ils ex-
cluent un peu trop cette *spontanéité* qu'affectionne souvent
l'éloquence, dont on pourrait peut-être dire comme de la
vertu, *qu'elle s'oublie parfois pour se surpasser*[2].

D'Alembert fut du reste ici beaucoup moins heureux que

Définition de d'Alem-
bert.

[1] Tom. 1, liv. 1, chap. 1, p. 25.
[2] Montesquieu.

Campbell, par une erreur assez étrange dans un géomètre (14), il ne vit dans l'éloquence que son élément esthétique dont il ne se fit pas même une idée juste et complète :
» [1] Être éloquent, dit-il, c'est faire passer avec rapidité et
» imprimer avec force dans l'âme des autres, un sentiment
» profond dont on est pénétré; en d'autres termes, *c'est le*
» *talent d'émouvoir* ; définition d'autant plus juste, ajou-
» te-t-il, qu'elle s'applique même à l'éloquence du silence
» et à celle du geste. »

Ici d'Alembert dit vrai ; mais il est malheureux que sa
définition ne s'applique point à d'autres sortes d'éloquence,
comme il paraît croire qu'elle peut le faire, qu'elle ne
s'applique point par exemple à l'éloquence calme qui se
borne à convaincre ou bien à plaire. Certes, toucher, ou
comme le dit si magnifiquement notre Corneille :

Verser dans tous les cœurs, ce que ressent son cœur,

est bien la plus belle et la plus forte des trois actions que peut
produire l'éloquence ; mais, on l'a déjà vu, ce n'est point la
seule ; et c'est à tort que d'Alembert juge que [2] la *persuasion*
intime ou la *conviction* d'une vérité *constitue un sentiment.*
Il s'en aperçoit lui-même ; celui qui *se borne* à *prouver*,
laissant *l'auditeur froid et tranquille*, lui paraissant *disert*
plutôt qu'éloquent: distinction juste en notre langue, mais
qui, malgré le mot célèbre de l'orateur Marc-Antoine, ne
l'est pas en latin, au moins sous le même point de vue ; et
sur le sens de laquelle d'Alembert, qui gourmande si fièrement les latinistes, finit par tomber lui-même dans l'erreur [3].

Par suite de cette notion incomplète, le grand géomètre
déprécie un peu trop les règles de l'art ; et par une erreur
plus forte encore et qui plus étroitement encore tient à sa

[1] Encyclopédie, article élocution, reproduit par l'auteur dans
ses mélanges.
[2] Ibid.
[3] Ibid.

définition, il soutient que *dans un discours de quelque étendue, l'éloquence ne peut régner que par intervalles. L'éclair
part, ajoute-t-il, et tout aussitôt la nue se referme*[1]. En
effet, l'éloquence de trait, celle de ces mots heureux, que
dans les occasions pressantes sait improviser la passion;
cette éloquence à laquelle *Voltaire*[2] songe lui-même peut-
être un peu trop exclusivement, est bien la seule à laquelle s'applique rigoureusement la définition de d'Alembert; et pourtant, comme le remarque très judicieusement
Marmontel, ces mots dardés et ces traits heureux sont de
l'éloquence, mais ne sont pas *l'éloquence*.

Cette définition, plus fautive que celles qu'elle avait la
prétention de réformer, eut pourtant une certaine vogue;
nous la retrouvons au début d'une compilation de M.
Ferri[3], imprimée en 1789, et qui n'est point sans quelque
mérite. Un auteur qui vit encore, et s'est fait depuis une
réputation comme moraliste, M. Droz[4], l'a reproduite également dans un essai sur l'art oratoire imprimé en 1800.
Mais il lui fait subir une légère modification. Pour lui,
l'éloquence *est le talent d'émouvoir et de faire passer dans
les autres les sentiments dont on veut les animer.*

Ce changement suppose que l'auteur avait médité sur
l'ingénieuse et fine distinction que Marmontel[5] établit entre
le *pathétique direct* et le *pathétique réfléchi*. D'Alembert
avait oublié ce dernier, souvent plus heureux et plus remarquable que l'autre: M. Droz voulut réparer cet oubli.
Ainsi modifiée, la définition comprend tout l'élément esthétique; mais elle ne comprend toujours que celui-là, et

[1] Ibid.
[2] Encyclopédie, art. éloquence.
[3] De l'éloquence et des orateurs anciens et modernes, par M.
Ferri, 1 vol. in-8. Paris, p.1.
[4] Essai sur l'art oratoire, par Joseph Droz, in-8. Paris, 1800,
chap. 4, p. 27.
[5] Encyclopédie, art. pathétique.

n'en reste pas moins plus étroite, non seulement que l'éloquence, mais encore que les vieilles définitions.

Nous venons de nommer Marmontel, et l'avons déjà plus d'une fois cité ; il est fort à regretter que cet habile écrivain se soit borné dans ses éléments de littérature à reproduire presque sans y retoucher, et dans l'ordre alphabétique , les nombreux articles qu'il avait insérés dans la grande compilation encyclopédique. S'il les avait refondus pour leur donner l'unité, il nous eût laissé sur la littérature un traité complet, aussi précieux pour le moins que celui de La Harpe, et qui peut-être eût passé moins vite. Son goût était peut-être moins délicat et moins pur que celui de l'homme que l'on a nommé le Quintilien français ; mais il avait, à ce qu'il nous semble, plus de savoir véritable, plus de profondeur et d'étendue dans l'esprit. Son coup d'œil nous paraît plus large. Nous trouvons de lui, et dans l'encyclopédie et dans les éléments de littérature, à peu près une douzaine d'articles sur les premières questions de la rhétorique ; et ces questions nous paraissent avoir été rarement mieux traitée. Pour rencontrer autant de puissance et de finesse d'analyse , il faut remonter soit à cette belle théorie de l'éloquence de la chaire que saint Augustin nous a laissée au quatrième livre de sa doctrine chrétienne, soit aux grands traités oratoires de Cicéron, soit enfin à la rhétorique d'Aristote. Dans un des articles dont nous parlons, Marmontel définit l'éloquence [1] *la faculté d'agir sur les esprits et les âmes par le moyen de la parole*, ajoutant : agir *sur les esprits*, c'est le talent d'instruire ; *sur les âmes*, c'est le don d'intéresser, d'émouvoir ; et de ces deux talents résulte au plus haut degré le talent de persuader. De toutes les définitions de l'éloquence qui nous sont connues , c'est bien ici celle qui nous paraît la meilleure. Par ces mots la *faculté d'agir*, elle prend, on peut le dire, la chose à sa source même et dans son essence ; car indépendamment et des formes et du but qu'elle peut avoir, cette

[1] Encyc. art. éloquence ; aux suppléments. (15)

chose est bien une action ; c'est la force intellectuelle et morale, le pouvoir de la pensée.

Pour ce qui est de son étendue, au premier abord elle paraît immense. Elle n'a toutefois sous ce dernier rapport aucun avantage sur la définition de Campbell qui, elle aussi, s'étend d'une part à l'enseignement oral ou écrit de toutes les sciences, et de l'autre à la littérature tout entière. Cependant nous l'avouerons, ces définitions, si larges qu'elles soient, ne nous semblent point encore l'être assez ni comprendre toute la chose qu'il était question de définir. Marmontel paraît l'avoir soupçonné : *je ne considère ici*, nous dit-il, *que l'éloquence de la parole*. Il y en a donc d'autres ? Oui, sans doute, et il est fâcheux que jusqu'ici, d'un côté la préoccupation de l'art oratoire, de l'autre, le sens étymologique des mots éloquence et rhétorique aient fait considérer le discours, la parole orale ou écrite comme le seul moyen, la seule forme possible d'éloquence. On eût dû considérer que la parole n'avait de valeur, et conséquemment d'éloquence que comme expression de la pensée ; que si la pensée, et sous ce terme nous comprenons également le sentiment, avait d'autres modes d'expression que la parole, elle y portait nécessairement avec elle son action et son pouvoir.

Mais quelle est cette éloquence que nous regrettons de ne pas trouver dans des définitions, du reste si larges ? Ne serait-ce point celle dont Marmontel[1] parle après les mots que nous citions tout à l'heure, celle du *silence,* du *regard,* des *larmes,* du *geste ?* Non : car si cette sorte d'éloquence est parfois complétement séparée de celle de la parole, bien plus souvent elle s'y joint dans ce qu'on nomme l'action. Mais il en est une autre qui n'a presque rien, ou même absolument rien de commun avec la parole ; il en est une qui trouve en des sons, ou bien en des lignes, des formes, des couleurs, un mode d'expression tout aussi puissant à sa manière et dans ses limites que celui de la parole. Et

[1] Ibid.

c'est cette éloquence des beaux arts dont l'absence nous étonne et nous paraît regrettable en toutes les définitions que nous avons vues, même en celle de Marmontel. Rien n'était pourtant plus aisé que de l'y comprendre. A ces mots : *au moyen de la parole*, substituons ceux-ci : par l'expression de sa pensée, ou, pour donner un peu plus de précision à la formule, disons de l'éloquence que c'est l'*art* ou le *don d'agir sur les facultés de ses semblables par l'expression de sa pensée*, et nous aurons une définition qui sortira bien nettement de l'analyse ou de la nature intime de la chose que nous voulons définir ; qui, par suite, la comprendra tout entière, n'en omettra rien sans doute, mais n'y ajoutera rien non plus, nous osons du moins le croire, qui lui soit précisément étranger. Et notre définition ainsi élargie, nous verrons l'objet de la théorie sicilienne ou grecque partant du cercle borné du discours public, de l'art oratoire proprement dit, rayonner et s'étendre indéfiniment dans toutes les directions que peut prendre la pensée ; rien né s'expliquera mieux alors que la fortune et que la durée de cette théorie. Voyons.

Extensions diverses qui résultent pour l'éloquence de cette définition.

| 1re Extension.

Par son élément esthétique et comme art ou don d'émouvoir, l'éloquence entre dans tous les beaux-arts ; nous nous exprimons mal : ce sont les arts qui entrent dans sa sphère illimitée.

La science est une, disait par l'organe de Platon la philosophie antique : n'ajoutons pas, comme on l'a fait quelquefois, une de l'unité de cette réalité qu'elle cherche à comprendre, car c'est là du panthéisme ; disons plutôt une de l'unité de l'intelligence humaine qui ne peut comprendre que ce qu'elle s'assimile, en d'autres termes, que ce qu'elle unifie.

L'éloquence au moins est une, dit à son tour Cicéron, en quelques régions et sur quelques plages que puisse l'entraîner la pensée.

L'éloquence est une, dirons-nous, en un sens plus vaste encore, on le voit, que Platon et Cicéron ; ou plutôt, nous emparant d'une poétique image du grand orateur, nous dirons : L'art est un ; c'est une lyre harmonieuse et sublime dont chaque art en particulier n'est qu'une des notes, qu'un des tons divers, et dont les cordes vivantes ne sont autre chose que les entrailles de l'humanité. Si l'on nous objectait ici l'étymologie du mot éloquence ; si l'on s'étonnait de nous voir comprendre des arts absolument étrangers à la parole sous un terme qui semble en réveiller si exclusivement l'idée, nous demanderions si ces arts étrangers à la parole, si la peinture et la sculpture, par exemple, ne sont pas aussi capables d'agir sur nous, de nous émouvoir, que ne l'est la poésie, qu'introduisent dans l'éloquence Campbell, d'Alembert et Marmontel, mais que bien avant eux, Platon y introduisait également, d'abord dans le Phèdre, puis aussi dans le Gorgias, y joignant même alors ce qui s'y joignait si souvent en Grèce, la musique.

Nous demanderions pourquoi l'on refuserait au groupe du Laocoon l'action impressive, et par conséquent l'éloquence qu'on reconnaîtrait dans le récit de Virgile. N'est-il pas même ici quelque peu difficile de dire lequel du sculpteur ou du poète nous émeut davantage, lequel agit plus énergiquement sur nous ?

Par son élément politique, l'éloquence ne sort pas moins dans un autre sens du cercle de l'art oratoire : par là, elle s'étend aux négociations publiques et privées, aux conversations familières, à celles même où l'on ne cherche qu'un plaisir et qu'un délassement ; elle s'étend également au commerce épistolaire.

Mais cette extension est une chose que Platon réclame encore d'une manière formelle. Dans son Phèdre, s'étonnant de voir les rhéteurs restreindre l'art à deux ou trois applications spéciales, il le juge de mise dans les relations privées tout aussi bien que sur la place publique ; dans les matières de peu d'importance, comme en celles qui en ont beaucoup, et va même jusqu'à soutenir que sa valeur intrinsèque ne dépend point de celle des sujets auxquels on l'applique.

L'extension dont il s'agit aurait également obtenu l'approbation d'Isocrate; car il remarque avec complaisance [1] que ceux qui, sortant de son école, ont cru devoir rester dans la vie privée, ont du moins retiré de ses leçons avec un peu plus de tact et d'expérience, avec un goût plus pur et plus délicat, ce que nous appellerions plus de grâce, de bon ton, de savoir vivre.

Elle eût également obtenu celle de Cicéron qui, dans l'énumération [2] brillante des prérogatives de l'orateur, n'oublie point le talent de converser. Il va même encore plus loin dans *ses Offices* [3]. Ici la parole humaine lui paraît avoir deux forces, ou plutôt pouvoir déployer sa force en deux sphères distinctes, et qu'il oppose l'une à l'autre. L'une est le discours public et presque toujours polémique qu'il nomme *contentio*; l'autre est la conversation, *sermo*. Au discours, il assigne pour théâtre le barreau, la tribune, le sénat: à la conversation, les cercles, les discussions savantes, les relations familières et même les repas. Il s'étonne que l'on ait tant spéculé sur les règles du discours sans jamais songer, soit à en trouver de spéciales pour la conversation, soit à lui appliquer en les modifiant celles qui conviennent au discours; et c'est une lacune, qu'en passant il entreprend de combler.

Mais sur cet article, était-il réellement besoin d'autorités? Épier les moments où ceux sur lesquels on veut agir seront le moins en garde contre une telle action, et les côtés par lesquels l'accès auprès d'eux sera le plus doux et le plus facile, ce qu'avec l'intraduisible délicatesse de sa poésie si

---

[1] Discours sur l'échange, partie retrouvée par André Mystoxides. Tome 2 de l'édition de Tauchnitz de Leipsik p. 375.

[2] De oratore liv. 1er, chap. 8, § 53.

[3] livre 1er, chap. 37-38.

profondément psychologique Virgile nomme si bien :
    Molles aditus.... mollissima fandi tempora ;

Une fois introduit dans l'âme, en toucher les fibres quelquefois les plus sensibles sans jamais blesser, et comme Perse le dit d'Horace, *se jouer autour du cœur;*

Être en commençant de l'avis de celui qu'en finissant, nous amènerons à être du nôtre, art[1], qu'au dire d'un pape, pratiquait si bien un ambassadeur français[1], n'est-ce point là, nous ne dirons pas seulement de l'éloquence, mais ce que l'on peut appeler ses plus rares secrets et ses plus profonds mystères ?

Et l'on n'ira pas supposer ici qu'à cette sorte d'éloquence, il faut nécessairement pour stimulant un intérêt positif, une passion. A cet égard, le désir de plaire, de briller, de faire ce qu'on appelle sensation est bien plus que suffisant. Partout assurément, mais en France bien plus que partout ailleurs, il serait mal venu, celui qui nierait l'éloquence de la conversation : ce serait nier le mouvement. Si vous supprimez la presse et que vous cherchiez ensuite où était dans la dernière moitié du dix-huitième siècle la tribune française, vous la trouverez dans les salons de deux ou trois femmes.

    Toute l'Europe en cercle entourait son fauteuil,

a dit de l'une d'elles un de nos poètes : là pourtant on ne se propose bien exclusivement que de plaire ; là si l'on peut tout effleurer, c'est à peu près à la condition tacite de ne rien approfondir. Là l'esprit consiste bien plus à voir vite qu'à voir loin et juste : et d'un autre côté, l'imagination et la passion ne peuvent entrer, comme disait si bien le prince de Ligne, qu'en *ployant leurs grandes ailes.* Or, à cette étrange tribune la voix de quelques spirituels causeurs avait un retentissement tout autre que celle de l'abbé de Beauvais ou de Gerbier ; et pour la couvrir, il ne fallut rien moins que la révolution et la voix de Mirabeau.

[1] Le cardinal de Polignac.

Il est d'ailleurs singulièrement remarquable que l'art d'écrire comme l'art oratoire proprement dit se rapprochent en mainte occasion et souvent avec succès de l'art, ou bien, si l'on veut, du talent de converser.

Qu'admirons-nous, que goûtons-nous tout d'abord, dans les essais de notre Montaigne, si ce n'est le laisser aller d'une spirituelle et docte causerie ?

Qu'est-ce que cette *humour* qu'au-delà du Rhin ou de la Manche on prise si fort en deux ou trois écrivains, sinon des emprunts plus ou moins heureux de ces fantaisies et de ces caprices par lesquels un esprit original, joint à une imagination vive et mobile, anime et varie la conversation, d'une manière d'autant plus sûre, que c'est sans calcul et sans dessein. Obligés de nous borner sur ce point comme sur tant d'autres, nous ne pouvons ici que mentionner en passant comme rapprochements de ce genre dans les littératures anciennes et les Mimes de Sophron, et ce titre de Causeries, *Sermones*, donné par Horace à ses satires ; et surtout cette élégante forme dialogique sous laquelle la plupart des sages de l'antiquité encadraient si gracieusement l'exposé de leurs doctrines.

Si maintenant on examine avec un peu d'attention la nature d'un certain nombre de ces formes de langage que nous nommons des figures et que les Grecs appelaient du nom plus significatif, d'attitudes ou de gestes de la pensée, σχῆματα, il en est près d'une douzaine, nous nous dispensons de les citer, dans lesquelles on trouvera certainement autour de mouvements que l'art oratoire prend à la conversation, pour ôter à sa marche ce qu'elle paraîtrait avoir de trop compassé, et donner à la composition la plus étudiée l'air d'une improvisation.

Faits, autorités, raisonnement, tout légitime donc jusqu'ici l'extension que, par les deux éléments dont nous venons de parler, nous donnons à l'éloquence.

Mais il est une autre extension qu'elle doit encore recevoir. Par son élément logique, si notre définition est exacte et si nos principes sont justes, elle doit s'étendre à l'enseignement oral ou écrit de toutes les sciences. Ici, nous devons l'avouer, nous craignons vivement qu'on ne trouve à nos déductions un faux air paradoxal. Certes, nous n'ignorons pas la différence que notre langue a mise entre le mot convaincre et celui de persuader. Mais aussi, nous l'avons dit, la persuasion n'est point, à beaucoup près, l'unique, l'invariable but que nous supposons à l'éloquence. Ce but est l'action, à quelque degré du reste qu'elle puisse être, et sur quelque faculté qu'elle s'exerce. Il nous serait bien facile, on le comprendra, de montrer de l'éloquence proprement dite, de cette éloquence qu'on ne peut nier, parce qu'on la sent, dans l'enseignement d'une foule de sciences.

Pour l'enseignement oral, les exemples ici sont sous nos yeux ou dans la mémoire de tout le monde : et, pour ce qui est de l'enseignement écrit, de celui des livres, la science qui, dans leurs généralités, comprend toutes les autres, qui comprend du moins toutes les sciences morales, la philosophie nous offrirait, aux temps anciens et modernes, des noms qui ne réveillent guère moins les idées d'art et d'éloquence que celles de sagesse et de doctrine. Nous pourrions même, en faisant un pas de plus, montrer que l'histoire naturelle et l'astronomie ont su inspirer des pages éminemment éloquentes.

Mais ici, nous le sentons bien, on peut nous arrêter et nous dire que dans les sciences morales comme en celles des sciences naturelles que nous venons de citer, l'éloquence vient de l'introduction de quelques éléments étrangers à ce qui constitue proprement l'élément dont nous parlons ; qu'ici même, si l'on y fait bien attention, est la ligne si délicate et si difficile à suivre dans toute sa longueur, qui sépare le pur domaine de la science de celui de la littérature ; que ce qui ne s'adresse qu'à l'intelligence pure, qu'à la raison ou à la mémoire est de la science ; que ce qui, tout en s'adressant à l'intelligence, parle en même temps à l'imagination et au cœur, entre, par ce seul fait, dans le domaine littéraire. On peut ajouter que c'est parce que dans le vrai, ils ont vu et nous ont fait voir le bien et le beau pour lequel ils se sont passionnés et nous passionnent à leur tour, que des philosophes, des théologiens, des publicistes, des naturalistes, des astronomes ont parfois atteint à ce qu'il est indifférent d'appeler ici de l'éloquence, de la poésie ou de l'art ; que ce n'est donc ni le philosophe, ni le savant qui est éloquent, mais son imagination et sa sensibilité, c'est-à-dire l'homme et son cœur.

On peut enfin nous amener et des sciences morales et de quelques-unes des sciences naturelles auxquelles il nous serait commode de nous arrêter, aux sciences où l'enseignement, ne s'adressant rigoureusement qu'à la raison ou à la mémoire, condamnant à une inaction complète, et l'imagination et le cœur, ne veut point, dit un ancien [1] se laisser *orner;* il serait plus vrai de dire échauffer ou colorer, et par suite humaniser. On peut nous amener aux mathématiques et aux sciences qui, comme la physique et la chimie, empruntent aux mathématiques quelquefois leur langue, toujours leur rigoureuse et sévère méthode. On peut là nous demander si quelque chose d'analogue à ce que l'on a toujours entendu par l'éloquence est susceptible de pénétrer dans un enseignement aussi sévère.

Nous conviendrons d'abord volontiers avec Campbell [2], qu'ici l'application du mot éloquence est étrange et semble d'abord paradoxale. Mais nous demanderons si ceci ne tient pas précisément à ce que l'on se fait généralement de l'éloquence une idée beaucoup trop restreinte : nous demanderons si cet enseignement est incapable, et de captiver l'esprit et de commander l'attention ;

[1] Ornari res ipsa negat contenta doceri. Manilius–Astronomiques, liv. 3, vers 39.

[2] Liv. 1, chap. 1, p. 28.

Si l'expérience ne montre pas tous les jours que de deux hommes également instruits, il en est un qui se fait entendre bien plus volontiers et aplanit mieux que l'autre les voies arduës de la science ;

Si dans ce cas, ce n'est point à quelque chose de très approchant de l'éloquence qu'il est redevable d'un tel avantage;

Si enfin les géomètres eux-mêmes ne cherchent pas dans leurs démonstrations une certaine chose qu'ils nomment l'élégance.

Que des trois actions qu'il est donné à l'homme d'exercer sur les facultés de ses semblables, celle-ci soit incomparablement la plus faible; qu'elle ne puisse être exercée avec quelque force, ou ce qui revient au même, qu'elle n'ait d'attrait que pour un petit nombre d'intelligences, nous en conviendrons volontiers : nous le dirons même, nous ne sommes pas de ce petit nombre ; et, pour cette austère harmonie, nous sommes jusqu'ici restés et craignons bien de rester toujours sans oreilles. Mais avons-nous bien ici le droit de juger par nous de tous les hommes ? Nous ne le pensons pas.

Quelle est la plus haute action que l'homme puisse produire ? la plus haute, disons-nous, parce que c'est la plus féconde. N'est-ce point celle par laquelle il nous est quelquefois donné d'éveiller en quelqu'un de nos semblables de puissantes facultés qui sommeillaient dans son sein ?

N'est-ce point, par exemple Hérodote, faisant verser les nobles larmes du jeune fils d'Olorus; ou l'orateur Callistrate [1] excitant, dans un enfant qui l'écoute, inaperçu, l'ambition qui doit créer Démosthène ?

N'est-ce point, aux temps modernes, la désespérante perfection de Raphaël élevant, loin de l'abattre, la généreuse audace du Corrège, et tirant de son cœur le mot si fier et

___

[1] Plutarque. Vie de Démosthène, chap. 5.

si beau que tous savent, le sublime *Anche io?* N'est-ce point enfin ces quelques strophes de Malherbe qui vont révéler à La Fontaine son génie? Eh bien! cette action puissante, la science aussi l'a quelquefois exercée : témoin ce traité moitié anatomique et moitié métaphysique de Descartes, dont la lecture fait battre le cœur de Mallebranche et va provoquer les méditations et les veilles auxquelles nous devrons les *entretiens métaphysiques et la recherche de la vérité.* Ou nous nous trompons, ou ce fait est à peu près décisif. Faut-il ajouter ici ce que tout le monde sait? Faut-il rappeler qu'il y a même dans les mathématiques une action si réelle, que ceux qui ont l'habitude de l'exercer ou de la subir n'en veulent ou n'en peuvent souvent admettre aucune autre et vont quelquefois jusqu'à demander à une œuvre d'art, à une tragédie, ce qu'elle prouve? Oui, nous le ferons, ne fût-ce que pour nous préserver de cet esprit exclusif, non pas des grands mathématiciens, car ce sont presque toujours des hommes complets, mais de ce que l'on pourrait peut-être appeler les serfs du chiffre.

Nous le rappellerons, ne fût-ce que pour apprendre à imiter ce philosophe grec, qui, jeté sur une plage déserte, reconnaît la présence de l'homme à quelques figures géométriques tracées sur le sable.

Faisons donc comme Aristippe : jusque sur le sable des géomètres, et dans les déserts ou dans le mystérieux idiôme de l'algèbre, reconnaissons la présence d'une action humaine et d'une sorte d'éloquence.

Recommandons-lui bien, par exemple, ainsi qu'on l'a fait souvent et quelquefois si éloquemment (16), de ne jamais sortir de sa sphère. Car si là où il n'est besoin que d'instruire et de prouver, celui-là est éloquent qui instruit et prouve; partout où une autre action pouvait et devait naturellement trouver place, celui-là qui ne saura qu'instruire et prouver, pourra bien avoir toutes les autres sortes de talénts et de mérites, mais avec quelque supériorité qu'il instruise et prouve, il ne sera point éloquent. Sur ce point, du reste, nous ne sommes pas plus dénués d'autorités que sur les deux autres.

Les définitions de Campbell et de Marmontel ont, à cet égard, la même latitude que la nôtre ; le premier en convient ; il prend même la peine de nous expliquer dans une note [1] l'espèce d'éloquence qu'il trouve dans Euclide.

Les textes de Platon et de Cicéron, que nous avons pris pour épigraphe, ces textes dans chacun desquels, s'il nous eût été permis, nous aurions, pour les élargir encore, cru devoir changer un mot [2], n'ont ici besoin d'aucune correction de ce genre ; ils sont aussi larges qu'il le faut. Car il n'est point d'emploi de la parole qui ne soit, aux yeux de Platon, du ressort de l'art; et Cicéron aussi voit l'éloquence dans toutes les régions où peut pénétrer la parole et la discussion.

Et que ce ne soit point ici de ces expressions généralisées à la légère, c'est ce que prouvent bien les développements qui précèdent ou suivent ces deux textes.

Platon soutient que les discussions de Zénon d'Elée sur la parité et la disparité, l'unité et la multiplicité, l'immobilité et la mobilité, discussions, comme l'on voit, tout aussi ardues et tout aussi peu humaines qu'aucune de celles que les sciences peuvent présenter, n'en tombent pas moins dans le domaine de l'art des rhéteurs. Et pour ce qui est de Cicéron, se rappelant qu'il avait jadis traduit en vers les phénomènes d'Aratus, qu'il avait projeté, peut-être même essayé d'écrire sur la géographie, et méditant déjà sans doute ses compositions philosophiques, après

---

[1] Tome 1, p. 28.

[2] Dans Platon au terme de λεγομενα, nous aurions volontiers substitué celui de Σημαίνομενα ; et dans Cicéron nous eussions mis *significatio* au lieu de *disputatio*.

avoir dit que l'éloquence était une, à quelque ordre d'idée qu'on pût l'appliquer, il ajoute : soit qu'elle *parle de la nature du ciel, de celle de la terre ou de celle de l'homme* [1], elle est une, elle est identique. Et déjà précédemment, dans le même ouvrage, en citant les noms de Démocrite, de Platon, d'Aristote, de Théophraste et de Carnéade, comme aussi ceux de l'architecte Philon et d'Asclépiade le médecin, il avait essayé de montrer qu'elle pouvait s'appliquer à tout [2].

Enfin, au début du troisième livre de sa rhétorique, où il traite, ainsi que l'on sait, particulièrement de l'élocution, Aristote convient bien avec une sorte de répugnance qui rend encore cet aveu plus remarquable, « que » sans avoir partout ailleurs une importance qui, là, dit-il » sévèrement, ne tient qu'aux mauvaises *dispositions*, à » *l'infirmité de l'auditeur* [3]; l'expression ou la forme n'est » pourtant complétement indifférente dans aucun genre » d'enseignement ; que telle chose sera comprise et goûtée, » si vous la présentez d'une certaine manière, qui ne le » serait pas, présentée d'une autre ; et enfin, que si la » justice et la sagesse défendent de chercher trop à plaire, » elles ordonnent aussi de chercher à ne pas déplaire. »

L'extension qu'il nous restait à donner à l'éloquence n'est donc point, nous l'osons croire, aussi étrange et paradoxale qu'elle peut le paraître au premier abord ; et pour embrasser l'éloquence dans sa généralité tout entière, il ne faut voir en elle que l'action sur quelque faculté qu'elle s'exerce, quels qu'en soient le degré, le mode et le but.

[1] *De oratore*, liv. 3 chap. 6, § 23.
[2] *Ibid.* liv. 1, chap. 11 et 14.
[3] Διὰ τὴν τοῦ ἀκροατοῦ μοχθηρίαν. Voir tout le passage 3me livre, chap. 1, p. 442 et 445 de l'édition et excellente traduction de M. E. Gros. Paris, in-8°, 1822.

Du point où nous sommes parvenus, sans quitter pourtant la terre ou la vie commune , nous dominons les deux mondes de la science et de l'art; ou pour nous servir d'une autre comparaison, comme l'Aristée de Virgile, nous descendons à la source même de ce que l'on nomme l'inspiration, au réservoir central, au bassin commun d'où partent ces fleuves qui, sous divers noms et en directions diverses, vont fertiliser l'univers; nous les voyons tous à leur naissance : nous les entendons sourdre et bouillonner autour de nous [1]. Et si de là nous reportons nos regards sur la rhétorique , son incroyable fortune s'explique aussitôt avec une facilité merveilleuse. Nous ne sommes plus surpris d'en retrouver toujours quelque empreinte sur tous les grands monuments de la pensée, et sur ceux-là même qui en ont et de bien loin précédé l'invention.

« Car, selon l'ingénieuse distinction de Richard Whately, » ce n'est point un *art* » , c'est l'*art* de la composition ; ce » n'est point un système de règles capables de faire pro- » duire une bonne composition ; c'est l'ensemble des con- » ditions auxquelles toute bonne composition satisfait, que » l'auteur en ait eu conscience ou non. » Nous ne sommes plus surpris que pour la Grèce et pour Rome, cette théorie soit restée l'art par excellence , non plus que de voir un certain nombre des termes qui lui sont propres, de ces termes techniques à la connaissance desquels un railleur [3] prétendait que se bornait la science de ses adeptes , tomber aux temps anciens et modernes dans le domaine du langage familier et de la conversation.

[1] Ingenti motu stupefactus aquarum
Omnia sub magna labentia flumina terrâ
Spectabat diversa locis.
[2] Elements of rhetoric, p. 20.
[3] For all a Rhetorician's rules
Teach nothing but to name his tools.
Samuel Buttler, l'auteur d'Hudibras. Cité par Campbell.

Conclusion de la 1re partie.

Comme en ce qui est usuel , il y a toujours , par la force même des choses, un élément théorique et spéculatif que l'on en peut dégager ; comme le relatif suppose nécessairement l'absolu, et qu'il ne subsiste que par son rapport avec l'absolu, nous concevons que dans ce mélange tout usuel et tout relatif de dialectique, de science de la vie et d'esthétique , on ait pu voir, sans que l'on s'en rendît peut-être bien compte, comme nous l'avons dit , une chose qui, par sa pente naturelle, menait à la dialectique, à la science de la vie, à l'esthétique absolues.

Mais ne nous accusera-t-on point ici de venir, pour expliquer la fortune de la rhétorique, renouveler le charlatanisme que Platon et Aristote reprochent aux premiers rhéteurs ? Nous ne le pensons pas, ou du moins Ce serait à tort.

En quoi consistait en effet ce charlatanisme ? Ce n'était point assurément à étendre les bornes de l'art dont ils faisaient profession ; car, on l'a vu, Platon les accuse, tout au contraire, d'avoir eu sur ce point la vue de beaucoup trop courte, et de n'avoir aperçu qu'une des provinces de l'art. Il consistait, Platon le dit clairement dans le Phèdre, à confondre avec l'art lui-même la connaissance ou l'application empirique et routinière d'un certain nombre de ses procédés ; à ignorer, ou du moins à perdre de vue, ce qui en devait être la base, la connaissance de l'homme.

Mais nous montrons, nous, que, par chacun de ses trois éléments , la rhétorique exige avant tout la connaissance intime de ces facultés humaines sur lesquelles agit l'éloquence ; c'est même, nous l'avons dit à plusieurs reprises, le seul objet de connaissance qui lui soit propre, le seul qu'elle suppose ou doive donner.

En quoi consistait encore ce charlatanisme ? Platon nous le dit dans son Gorgias, et Aristote dans sa rhétorique : il consistait à confondre le fond avec la forme, à croire que la connaissance de l'une emportait celle de l'autre, ou dis-

pensait tout au moins de l'acquérir; à croire que, parce
que l'on savait parler ou écrire, on pouvait parler de tout,
écrire sur tout. Et remarquons, en passant, que ce char-
latanisme-là n'est point mort avec les premiers rhéteurs;
qu'il a toujours eu des représentants par le monde, que de
nos jours, entre autres, il est chez nous aussi florissant qu'il
pût jamais l'être dans la Grèce, et que nous avons bien des
Gorgias, bien des Polus et des Protagores. Mais, ou nous
nous trompons étrangement, ou l'on ne peut nous reprocher aucune confusion de ce genre. Si, du reste, on nous
demandait, à cet égard, une déclaration plus formelle; si
l'on nous demandait : qu'est-ce à vos yeux que cette rhétorique, théorie de l'éloquence, et que l'éloquence elle-même,
nous répondrions sans hésiter un instant : rien ou presque
rien comme substance, tout comme forme ; rien comme
science, tout comme art.

DEUXIÈME PARTIE.

Devons-nous maintenant reprocher aux rhéteurs, ainsi que le fait Platon, d'avoir eu la vue trop courte ? Oui, dans leurs Prolégomènes. Car il était là, autant du moins que nous en pouvons juger, éminemment à propos de montrer toute la portée de leur théorie. Là, il y avait quelque inconvénient à confondre ou sembler confondre la partie avec le tout.

Mais il en était autrement au corps même de leur doctrine : là, nous devons le dire, ils ont fait preuve d'une haute sagesse en substituant au tout une partie minime, et l'art oratoire à l'éloquence.

Essayons de bien distinguer ces deux choses ; nous procédions tout à l'heure par voie de composition ; procédons à présent en sens inverse. Par ébranchements ou par éliminations, tâchons d'arriver, non-seulement au point que l'art oratoire occupe dans l'empire de l'éloquence, mais à celui que la rhétorique a pris et dû prendre dans la sphère encore trop vaste de l'art oratoire.

Là, si nous avons encore une ou deux fois à critiquer la doctrine des Prolégomènes, nous aurons bien plus souvent, comme nous l'avons promis, occasion de la justifier.

Tirons d'abord d'une main ferme une grande ligne de démarcation.

Principe de distinction. L'action considérée indépendamment du but qu'elle peut avoir, parce qu'elle en peut avoir à peu près à l'infini, mais surtout, parce qu'elle peut absolument n'en point avoir d'autres qu'elle-même, c'est là, selon nous, l'élo-

quence générale, de la notion de laquelle nous avons cru
qu'il était bon de partir, ne fût-ce que pour mieux comprendre l'autre.

L'action subordonnée à un but pris en dehors d'elle,
but non pas esthétique ou spéculatif, mais bien positif,
bien pratique, et nous ajouterons, prochain, immédiat;
l'action concluant toujours à une décision, et quand
elle est victorieuse, amenant ceux qui l'ont subie à prendre
un parti, à agir en tel sens plutôt qu'en tel autre, c'est-
là presque exclusivement l'art oratoire ou l'éloquence, telle
que la devaient considérer les rhéteurs.

Les deux sphères sont bien distinctes : l'une est la sphère
de ce que l'on peut appeler la vie idéale ; l'autre celle de
la vie réelle, des intérêts positifs, des affaires humaines.

Que ce fût à l'étendue de cette dernière sphère, que,
comme ils l'ont dit et fait, les rhéteurs devaient borner la
circonférence de l'art, la chose est si claire qu'elle n'a pas
besoin d'être démontrée [1].

Nous devons dès lors renvoyer tout d'abord à l'autre
sphère tous les arts qui prennent hors de la parole ce que
nous avons appelé leur moyen d'action, leur mode expressif.

Qu'il y ait pourtant action dans ces arts et même au plus
haut degré, cela est visible. Remarquons-le même en passant,
la préférence qu'on leur accorde sur les arts utiles et sur
les sciences en les appelant les beaux-arts, ou même simplement les arts, tient précisément à ce fait. Cette préférence peut bien, au premier abord, scandaliser une sagesse
vulgaire ; mais si l'on y regarde de plus près, on trouve
que rien n'est plus juste, et que là même est peut-être la
plus forte preuve du sentiment que l'homme a de sa véri-

___

[1] Dans un grand nombre de définitions anciennes l'art oratoire
est dit : *civilis prudentiæ pars*.

table valeur. Pourquoi, en effet, l'homme préfère-t-il aux arts qui le nourrissent, le vêtissent, et pourvoient à tous ses besoins matériels, des arts dont les produits, pur objet de luxe, semblent incapables de rien ajouter à son bien-être? C'est, pourrait-on dire, en envisageant plus largement la question, que l'*homme ne vit pas seulement de pain*, et qu'ici le luxe, le superflu est chose absolument nécessaire; mais c'est surtout parce que sentant qu'il vaut infiniment mieux que cet univers qui l'entoure et peut l'écraser, le *Roseau pensant* dont parle Pascal doit, par cela même, aussi juger que l'action qui s'exerce sur lui-même est une action hors de ligne et tout à fait supérieure à celle qui s'exerce sur la matière. Pourquoi généralement encore préfère-t-il l'art à la science? c'est qu'il sent qu'il est plus homme par le cœur que par la tête, et que l'action qui s'exerce sur la faculté de sentir et celle d'aimer doit, comme plus humanisante, lui paraître supérieure à celle qui s'exerce sur la faculté de connaître et de comprendre.

Mais quelque forte, quelque belle et civilisatrice que soit cette action des arts étrangers à la parole, ce n'est que très exceptionnellement qu'elle peut avoir un but direct, positif et surtout prochain, immédiat. Elle doit donc être renvoyée à la sphère de l'action ou de l'éloquence générale.

Nous devons reléguer encore en cette sphère un art qui prend son moyen d'action, son mode expressif dans la parole, mais dans la parole plus ou moins chantante ou musicale; nous voulons parler de la poésie : ici encore pourtant nous trouvons; et dans tous les sens possibles, l'action; nous la trouvons d'abord dans la création, ou pour parler plus juste dans l'assouplissement des langues, qui presque partout, on le sait, fut l'œuvre des poètes. Et, quand nous songeons qu'un idiôme commun est un élément essentiel, le premier peut-être de ce que nous appelons une nationalité; c'est sans étonnement que nous voyons un peuple pour qui les arts et les lettres sont restés la seule patrie, le peuple italien, saluer de l'auguste et doux nom de pères, son Dante, son Pétrarque et son Boccace; et nous sommes au contraire surpris que la Grèce n'ait jamais appelé de ce beau nom, l'homme qui le méritait si bien, le premier de ses poètes. Car au paradoxe par lequel l'érudition germanique a tenté d'anéantir, en l'absorbant dans le peuple Grec, la personnalité du divin et vieil Homère; si pour le soutenir nous avions le savoir immense d'un Auguste Wolf, nous répondrions volontiers par un autre paradoxe : « Homère est, nous dit-on, la personnification « et partant la création non d'un homme, mais du génie « poétique d'une époque et d'un peuple.»«Vous vous trom- « pez, dirions-nous; vous prenez l'effet pour la cause : « c'est le génie de la Grèce, c'est la Grèce tout entière, « qui est en un certain sens, la vraie, la grande création « d'Homère »

Chez les poètes nous trouvons encore action, soit dans l'ordonnance admirable de ce monde que nous n'avons jamais vu et dans lequel pourtant, quand un poète nous y transporte, chacun de nous croit se reconnaître; soit dans la création de ces types de grandeur et d'héroïsme, de vertu et de beauté, quelquefois même de laideur, de scélératesse et de crime, types impérissables, et comme on l'a dit avec raison, plus vivants que la vie même, plus vrais que la vérité.

Et quand enfin nous voulons nous expliquer dans toute leur généralité, ces noms d'hommes divins, d'inventeurs, de faiseurs, donnés partout aux poètes, nous trouvons surtout action dans ce que Mallebranche eût sévèrement appelé le caractère contagieux de leur imagination [1]; dans

---

[1] Voir recherche de la vérité, liv. 2, 3me partie, portant pour titre: de la communication contagieuse des imaginations fortes, et dans cette même partie aux chap. 3, 4, 5, les jugements sur Tertullien, Sénèque et Montaigne.

la facilité merveilleuse avec laquelle il leur est donné de nous communiquer toutes les impressions qu'ils veulent, Montaigne eût peut-être dit : dans l'aisance avec laquelle ils déteignent sur nous et savent nous enfiévrer de toutes leurs passions ; et le mot eût été juste. Car, surtout dans les littératures primitives, chaque poète est presque à la lettre une passion vivante : voyez plutôt dans la Grèce. Archiloque, c'est la haine et la vengeance ; Tyrtée, la fureur guerrière ; Simonide, la pitié ; Sapho, c'est l'amour et son délire ; Anacréon, la mollesse et la volupté. Et, si de ces poètes, vous passez à des poètes bien plus grands encore parce qu'ils sont plus complets, parce que dans le cadre plus large de l'épopée ou du drame, ils ont su faire entrer, se mouvoir et vivre, toute l'humanité ; à Homère, à Sophocle, à Ménandre, aux temps anciens ; et dans les temps modernes à Dante, à Shakespeare, à Molière, ce n'est plus alors une passion unique, c'est le cœur humain tout entier.

L'action, et nous le voyons, une action multiple, est donc en tous sens inhérente à la poésie, et c'est de là même, nous oserons le dire, qu'elle tire son nom. Mais comme celle des autres arts, cette action n'a généralement qu'un but esthétique. On pourrait, il est vrai, citer aux temps anciens et quelquefois même aux temps modernes, des faits assez nombreux qui nous montreraient la poésie donnant à son action un but positif, un but pratique, et intervenant comme l'art oratoire dans la vie réelle ; mais ces faits, quelque nombreux qu'ils puissent être, n'en restant pas moins exceptionnels, tout en proclamant, comme l'a fait un ancien, que la poésie est le berceau même et le sanctuaire de l'art oratoire [1] ; nous la reverrons à la première de nos deux sphères, à l'éloquence générale.

Éliminant ainsi la parole soumise à la mesure et au

[1] Hæc eloquentiæ primordia, hæc penetralia. Dialogus de oratoribus, cap. XII.

rhythme, il ne nous reste pour l'autre sphère que la parole usuelle et vulgaire, la prose. L'a-t-elle du moins tout entière ? Non, et à beaucoup près, comme on va le voir.

3me Elimination l'éloquence familière ou privée.

En premier lieu, cette parole usuelle peut se produire et agir sur deux scènes bien distinctes ; en public, devant ce qu'on nomme un auditoire, ou bien en particulier dans des relations bien moins solennelles ou même complétement familières. Sur la première scène, elle est en général tout d'une pièce et continue ; c'est le discours proprement dit : sur la seconde, elle est la plupart du temps coupée ; elle se croise avec la parole des autres ; c'est la conversation qui, comme nous l'avons dit et prouvé, peut avoir son éloquence. Nous ne pouvons donc laisser passer sans les signaler une ou deux exagérations dans lesquelles leur préoccupation en faveur du discours public a fait quelquefois tomber les anciens. « Si l'on ne parlait jamais qu'à une seule personne, a dit Quintilien [1], il n'y aurait point d'éloquence. Cicéron a dit à peu près la même chose (17), quand il compare l'orateur qui n'a point de multitude qui l'écoute, au joueur de flûte auquel on aurait retiré son instrument. Il y a certes dans ces mots une vérité relative. Rien n'est tel en effet qu'un grand auditoire pour exalter un homme éloquent ; l'action qu'il commence par exercer finit par lui revenir [2] ; et, c'est même dans cette action réciproque et de l'orateur sur l'auditoire, et de l'auditoire sur l'orateur, que le fait de l'éloquence se montre dans toute sa pureté. Platon eût vu là, s'il y eût songé, ce qu'il voit, comme l'on sait, dans l'action que le poète exerce par son Rhapsode [3],

[1] Institutions, liv. 1, chap. 2. Non esset in rebus humanis eloquentia si tantum cum singulis loqueremur.

[2] Voir Maury, essai sur l'éloquence de la chaire, § 4, des moyens de convaincre une grande assemblée.

[3] Voir l'Ion, chap. 5, et l'imitation non remarquée qui s'en trouve au chap. 36 du 1er livre des essais de Montaigne. Thémistius au 4me de ses discours, intitulé le Sophiste, avait déjà imité et appliqué à l'art oratoire cette belle comparaison. Voir l'édition grecque donnée par Henri Etienne, in-12, en 1562.

quelque chose d'analogue au phénomène magnétique.

Reconnaissons pourtant que, s'il est une éloquence publique qui demande un très nombreux auditoire, il en est une plus modeste qu'on pourrait nommer domestique, ou comme Platon [1] semble l'avoir fait, conférencielle ou privée ; l'action de cette dernière sorte d'éloquence, qui peut absolument se contenter d'un seul auditeur, a moins d'éclat que l'autre, la chose est certaine ; mais souvent elle n'a pas moins de force et surtout moins d'utilité. L'Église catholique l'a bien senti, et s'est sagement emparée de ces deux moyens d'action : entrez dans nos temples et vous verrez en face l'une de l'autre ces deux éloquences. L'une c'est la chaire, l'autre est le confessionnal, où les inspirations les plus heureuses ont pu souvent naître et mourir, presqu'au même instant dans l'auguste et pieux secret de cette *confidence divinisée*, comme a si bien dit un contemporain[2]. Mais ici revient notre grande distinction : de deux choses l'une, ou l'action qui s'exerce en dehors du discours public et dans la conversation n'a point d'autre but qu'elle-même, et n'est provoquée que par le désir de faire effet, de briller; et c'est alors de l'éloquence générale : ou cette action a en dehors d'elle un but positif et prochain. C'est par exemple Andromaque cherchant à modérer l'audace généreuse d'Hector, ou le vieux Priam redemandant à Achille le corps de son fils; c'est Pacuvius détournant Perolla du projet qu'il a formé d'assassiner Annibal ; c'est la mère de saint Jean-Chrysostôme qui retient son fils auprès d'elle, ou le père Aubry endormant dans le seigneur la jeune Atala mourante : alors sans publicité, sans auditoire, ce n'est pas seulement de l'éloquence et de la plus belle, c'est de l'art oratoire proprement dit que vous avez sous les yeux. Toutefois, comme d'une part en ce domaine, le but de l'ac-

---

[1] Voir Diogène Laërte, vie de Platon, chap. 52, et dans Platon, le dialogue intitulé le sophiste, chap. IX. Le mot grec que nous traduisons par conférenciel est celui de προσομιλητική.

[2] M. Alfred de Vigny dans son beau drame de Chatterton.

tion, quand il est positif et immédiat, peut varier presque à l'infini ; et que de l'autre, ainsi que Cicéron l'a judicieusement remarqué (18), aucun art, mais celui-ci moins que tout autre peut-être, ne peut ni ne doit tout dire. Les rhéteurs ont bien fait de laisser l'éloquence familière et de ne songer qu'à celle du discours public ; et quand Marmontel crut pouvoir trouver dans un fait aussi indifférent et aussi fortuit que celui du nombre des auditeurs auxquels on parle [1], la base d'une division raisonnée des genres oratoires, il fut, cette fois et contre son ordinaire, assez malheureusement inspiré.

Ainsi que la parole rythmique, la parole usuelle ou la prose peut s'adresser à deux de nos sens ; elle peut s'adresser à l'ouïe par le débit, c'est la forme orale qui suppose des auditeurs ; elle peut s'adresser aux yeux par l'écriture, et depuis la découverte de Guttemberg par l'impression, c'est la forme écrite qui suppose des lecteurs.

Platon, dans son Phèdre, s'était occupé, et avait dit que l'art devait s'occuper également de ces deux formes ; et rien ne paraît d'abord plus juste et plus raisonnable. Sans contredit, la tribune locale, où se débattent les intérêts et les questions du moment, ne doit point faire oublier la tribune plus haute d'où la voix mâle et sévère de Thucydide, de Platon, de Tacite, de Bacon, de Pascal, de Montesquieu, agit tous les jours sur les intelligences d'élite. Nous l'avouerons même, si quelque chose nous a mis sur la voie des longues recherches dont nous présentons ici le résultat, c'est surtout l'immense lacune que l'oubli des livres ou de l'éloquence écrite nous semblait laisser dans la rhétorique.

Posant en regard l'un de l'autre l'art de parler et celui d'écrire, nous trouvions que si par hasard elle avait été forcée d'opter entre l'un ou l'autre, la rhétorique eût mieux fait de s'attacher au dernier. Nous permettra-t-on d'exposer ici les raisons qui nous menaient à une conclusion qu'il nous a fallu depuis rejeter ?

[1] Encyclopédie, art. genre délibératif, le second.

4

Digression sur les conditions d'existence de l'art oratoire.

L'art d'écrire, nous disions-nous, est à peu près inconditionnel ; il est de tous les lieux et de tous les temps. L'art de parler, au contraire, ou l'art oratoire proprement dit, a des conditions d'existence très compliquées dont la réunion est un phénomène que le temps amène parfois, mais qu'il prolonge peu, et que, chez le même peuple, dans la même langue ou du moins dans le même genre, il ne renouvelle presque jamais. Ces conditions d'existence nous semblaient pouvoir se réduire à trois.

Pour première, nous posions comme on l'a fait bien souvent, la liberté. Ce n'est, nous disions-nous, qu'avec ses égaux que l'on a de l'esprit, de la verve, que l'on peut s'abandonner à ces heureux caprices de la pensée, sans lesquels il n'y a point d'éloquence. Ceci nous expliquait pourquoi cet art oratoire attendit la Grèce pour naître; pourquoi la Sicile qui inventa la rhétorique ne pratiqua point l'art dont elle avait deviné la théorie ; pourquoi cette île qui donna le jour à de grands poëtes, Épicharme, Sophron [1], Théocrite ; à d'élégants et judicieux historiens Philiste et Timée ; à des philosophes comme Empédocle, et des mathématiciens de la force d'Archimède, n'a pas produit un seul orateur; bien que Timée, par un esprit de patriotisme sur lequel plaisante Cicéron [2], voulût réclamer pour elle Lysias Syracusain d'origine, mais né dans Athènes, mort dans Athènes, et dont le talent s'était développé dans cette patrie adoptive. Cet exemple de la Sicile nous semblait d'autant mieux choisi, que cette île et sa grande capitale eurent de loin en loin quelques jours d'indépendance et d'isonomie ; ce qui prouve que cette liberté, condition première de l'existence de l'art en question, ne

----

[1] Nous mettons l'auteur des mimes au rang des poëtes, bien qu'il eût écrit en prose : mais des anciens l'ont fait avant nous. Voir la poétique d'Aristote, chap. 1.

[2] Brutus, cap. XVI, § 63.

doit point être précaire, transitoire ; qu'il faut une liberté solide, garantie par une longue jouissance et profondément enracinée dans les mœurs et l'esprit de la nation.

Pour seconde condition, nous éloignant formellement de l'opinion de Cicéron [1] qui confondit ici ses vœux avec la réalité, mais ayant pour nous les faits, l'expérience des siècles et l'autorité de (19) Tacite [2], nous posions une sorte d'état mixte entre le trouble et la paix, l'ordre et le désordre, mais où l'on incline en général du second côté beaucoup plus que du premier. Ceci nous expliquait pourquoi l'art n'avait fleuri, ni dans la Crète, ni à Sparte, ni dans les Colonies grecques du midi de l'Italie où la philosophie et les sciences furent cultivées avec tant d'ardeur. (Les institutions de Minos, de Lycurgue, de Zaleucus et de Charondas y avaient pourvu et fermaient à l'art tout accès dans ces républiques.) Ceci nous expliquait encore pourquoi nous ne trouvions cet art ni dans les cités commerçantes de l'Italie, ni dans la Suisse ; pourquoi la Hollande n'eut jamais d'orateurs, elle qui, dans ses grands pensionnaires eut des hommes d'état du premier ordre, un Barnevelt et ces deux admirables frères, plus nobles, plus purs encore que les Gracques, son Corneille et son Jean de Witt.

Entre les deux éléments de cet état que nous posions pour notre seconde condition, l'accord ou l'équilibre est, on le sent, des plus importants comme des plus difficiles. Supposez que l'ordre domine ou ne soit menacé que faiblement ; l'art n'enfantera point de miracles, parce qu'ils

---

[1] De oratore, lib. i, cap. viii, § 30, de oratore, lib. ii, cap. viii, § 33, Brutus, cap. xii, § 45.

Dans ces trois passages Cicéron met toujours la paix et l'ordre à côté de la liberté. « In omni pacatâ ac liberâ civitate, » dit-il au second.

[2] Plures bonos præliatores bella quam pax ferunt : similis eloquentiæ conditio.

Dialogus de oratoribus, cap. xxxvii.

ne seront point nécessaires. C'est un art tout polémique [*], et qui comme celui de la guerre ne se perfectionne que dans les crises difficiles et les grands dangers. Supprimez Philippe (20); supprimez Catilina, Clodius, Antoine, et, du siége élevé où ils trônent comme les rois ou les dieux de l'art oratoire, vous ferez descendre Demosthène et Cicéron au rang vulgaire d'avocats habiles et de parleurs ou bien d'écrivains diserts.

Retirez au catholicisme français du 17me siècle le souvenir des dangers qu'il vient de courir dans sa lutte contre le protestantisme, et le pressentiment des attaques prochaines du rationalisme, et voyez si vous aurez encore dans tout son entier l'art de Massillon, de Bourdaloue, de Bossuet.

Supposez au contraire l'anarchie trop forte et surtout trop constante ou trop périodique. Comme on s'abstient de parler quand le bruit effroyable de l'orage vient à couvrir notre voix, l'art oratoire ne pourra naître, ou s'il perce, il faudra qu'il reste à peu près à l'état de germe: c'est l'état où vous le trouvez à Florence, soit dans les prédications politiques de Jérôme Savonarole, soit dans les inspirations étrangères à Salluste et Tite Live qui se montrent parfois aux harangues dont Machiavel et Guichardin ont, comme les anciens, cru devoir semer leurs récits. Et toutefois, dans l'Athènes de l'Italie et des temps modernes, l'art trouvait pleinement ce qui était à nos yeux la troisième condition de son existence; nous voulons dire un goût littéraire, un sens esthétique puissamment éveillé par les autres arts; il y trouvait également une langue et même une prose toute formée (21).

Cette dernière condition nous expliquait pourquoi nous ne trouvions point l'art oratoire dans Corinthe, Argos et Thèbe, et tant d'autres villes grecques libres comme Athènes, et d'une liberté non moins turbulente; pourquoi nous

---

[*] Brutus, cap. xiii, § 49, 50.

ne le trouvions point non plus dans ces diètes de Pologne et de Hongrie où se parlait la langue de Cicéron, dans ces diètes de l'éloquence, desquelles la mémoire des siècles n'a conservé que deux traits : le mot du fier Palatin [1] qui préférait les orages de la liberté au calme plat de la servitude, et le serment des Magnats de Hongrie qui jurent en tirant leurs sabres [2] de mourir pour leur *roi* Marie Thérèse. Ceci nous expliquait encore pourquoi l'art n'avait fleuri dans Athènes, qu'après les merveilles du siècle de Périclès [3]; dans Rome, qu'au moment où la Grèce conquise, eut, selon l'expression d'Horace, conquis par ses arts, son farouche vainqueur ; pourquoi la France avait attendu au 17me siècle, l'Angleterre au 18m3 pour avoir l'une ses grands orateurs religieux, l'autre ses grands orateurs politiques ; comment même en Angleterre l'art n'avait pu naître de deux grandes révolutions, non plus que de Shakespeare et de Milton, et comment pour amener dans son antique parlement l'éloquence de Lord Chatam, de Burke, de Sheridan, d'Erskine et surtout de Pitt et de Fox, il avait fallu cette réverbération du siècle de Louis XIV que l'on nomme le siècle de la reine Anne.

Quels étaient maintenant les rapports de nos trois conditions soit entre elles, soit avec l'art oratoire ? ils sont bien aisés à comprendre. Si nous supprimons, disions-nous, la dernière de ces conditions en laissant subsister les autres, nous aurons le métier de la parole, en d'autres termes, la substance de l'art ; mais nous n'en aurons point

[1] Malo periculosam libertatem quàm quietum servitium. Je ne sais si l'on a remarqué que ce mot célèbre se trouve dans Salluste: Potior mihi visa est periculosa libertas quieto servitio. Discours du consul Lepidus, aux dernières lignes (dans les fragments).

[2] Moriamur pro rege nostro Mariâ Theresâ.

[3] Brutus, cap. VII, § 26, 27.

la forme. Il en sera tout au contraire, si c'est la première que nous supprimons ; la forme de l'art ou si l'on veut son fantôme pourra nous rester : la substance ou le corps aura disparu. Que si enfin nous supprimons la seconde, nous aurons alors peut-être et la substance et la forme ; nous aurons l'art à l'état où l'antiquité le trouvait dans l'école Rhodienne [1], pur, exempt de vices et de mauvais goût. Ce sera un art auquel extérieurement rien ne paraîtra manquer, et qui pourtant ne produira jamais rien de grand, parce qu'il manquera de chaleur intérieure, et par suite, d'âme et de vie.

Maintenant, que la liberté puisse survivre aux troubles, aux orages politiques ; qu'elle puisse également subsister plus ou moins longtemps à côté de l'affaiblissement des principes et du relâchement des mœurs, qui n'en procèdent pas sans doute, mais qui accompagnent presque toujours la diffusion du goût pour les plaisirs de l'intelligence, nous ne pensons pas qu'on puisse le nier ; mais il est constant aussi que les troubles de l'anarchie sont pour la liberté des convulsions au milieu desquelles on l'a vue souvent expirer, et qu'en des mœurs trop faciles elle trouve un poison lent qui la mine et qui la tue.

Ce n'était pas tout encore : non-seulement l'art oratoire nous apparaissait ainsi soumis à des conditions d'existence dont la réunion est si rare, qu'elle constitue, comme nous l'avons dit, un vrai phénomène ; mais nous apprenions encore du premier de nos véritables critiques une chose que nous avions déjà vaguement soupçonnée et qui nous explique comment dans la même langue, ou du moins dans le même genre, la rénovation d'un tel art ou sa durée

---

[1] Sur la manière de l'école rhodienne, voir le Brutus, chap. XIII, § 51, et le chap. XCI, § 316. Orator, chap. VIII, § 25, et Quintilien lib. XII, cap. X, pag. 747 de l'édition d'Obrecht, in-4°, Strasbourg 1698.

sont des faits qu'on pourrait presque croire impossibles.
« Il demande, nous dit-il, une certaine fleur de naturel
« que l'on n'a qu'une fois, quelque chose d'analogue à la
« candeur du premier âge, à cette vivacité naïve de nos
« premiers sentiments, qui ne peuvent, comme l'on sait,
« ni durer, ni revenir [1]. »

Nous trouvions enfin que pour survivre aux circonstances qui les ont vus naître, tous les monuments d'éloquence orale avaient à passer sous cette forme de l'éloquence écrite négligée par les rhéteurs ; que de plaidoyers ou de harangues qu'ils avaient été, il fallait qu'ils se fissent livres. Or, ce passage d'une forme à l'autre, est tout autre chose que l'opération matérielle de la transcription ou de l'impression. La plupart de nos discours, nous dit Cicéron (22), *s'écrivent* non pour être *prononcés,* mais *après l'avoir été ;* et, du mot d'un contemporain et ami du grand orateur, mot cité par saint Jérôme (23), il semblerait résulter que sa brillante oraison pour le tribun Cornélius pourrait bien être la seule qui fut publiée telle exactement qu'elle avait été prononcée.

Il est, au fait, peu de discours de Cicéron, si même il en est, où l'on ne pût, avec un peu d'exercice, découvrir à peu près en maint passage le point où s'était arrêté l'orateur, et les développements ajoutés depuis par la plume de l'écrivain. Les modifications qu'ont subies les discours de Démosthène pour arriver jusqu'à nous, sont bien moins visibles, il en faut en convenir : ce n'est guère que dans le discours sur la fausse ambassade et dans l'oraison pour Ctésiphon qu'il serait peut-être possible de distinguer, en quelques endroits, les soudures par lesquelles ces deux formes se joignent l'une à l'autre. On les chercherait en vain, à ce qu'il nous semble, dans les Olynthiennes et les Philippiques, non sans doute qu'elles n'y existent, mais l'art a su les dissimuler, et c'est là même peut-être ce qui, dans

[1] M. Villemain.

l'éloquence politique, élève Démosthène au-dessus de
Cicéron.

Maury, dans son Essai sur l'éloquence de la chaire, re-
commande au prédicateur de retoucher ses sermons chaque
fois qu'il les prononce. « C'est, dit-il, en prêchant cinq ou
« six fois un discours et en le corrigeant immédiatement
« après, qu'on en juge très bien l'effet et l'ensemble; qu'on
« peut en fortifier les mouvements, en élaguer les lon-
« gueurs, en multiplier et perfectionner les beautés [1]. »

Il est plus que probable que cette méthode était connue
et suivie de nos grands sermonaires du dix-septième siècle;
et il y aurait peu de témérité à soutenir que c'est à ces re-
maniements si fréquents qu'est due la perfection qui a placé
les sermons de Massillon et de Bourdaloue au premier rang
entre les monuments classiques de la langue française.

Et si la chaire est la seule branche de l'art oratoire qui
ait donné de tels fruits, c'est que là seulement, au passage
de la forme orale à la forme écrite, ont présidé le goût, le
travail, l'œil et la main de l'artiste ; c'est que là seulement,
comme chez les anciens, quand l'orateur eut fini sa tâche,
l'écrivain comprit que la sienne ne faisait que commencer. Partout ailleurs l'orateur laisse, avec indifférence et
sans presque les revoir, aller d'abord aux feuilles publiques
et puis aux compilations les paroles qui sont tombées de ses
lèvres.

C'est peut-être une nécessité, comme l'a dit un auteur que
nous venons de citer, « Peut-être qu'en nos orateurs moder-
« nes occupés d'intérêts trop complexes et parlant à des peu-
« ples trop peu curieux de l'élégance et du charme de la pa-
« role, on blâmerait ces préoccupations d'artiste qui dans Cicé-
« ron pourtant n'enlevaient pas un instant à l'homme d'état [2].
« Mais aussi, qu'un demi-siècle s'écoule, et cherchez ce

[1] Chap. 78.
[2] M. Villemain.

qui reste d'un grand avocat, d'un grand orateur de tribune, vous ne trouverez qu'un nom, quelques mots heureux et brefs, et deux ou trois inspirations brillantes que des écrivains auront empêché de périr en les faisant entrer dans quelques livres de goût, en leur donnant une forme littéraire. Car le fini de l'expression sous laquelle se produit l'inspiration, *cette liaison, cet enchaînement* dont parle Horace, l'ensemble enfin de ce qu'on nomme la composition ou le style, choses assez indifférentes quand on s'adresse à l'oreille, qu'il ne faut pas même alors trop chercher sous peine de voir l'inspiration se glacer, deviennent de la plus haute importance quand c'est aux yeux que l'on parle. Ici, en effet, si l'inspiration est le bronze incandescent, liquéfié, la composition est le moule dans lequel il faut qu'il se précipite pour y recevoir ce qu'il doit garder à jamais, l'empreinte de la pensée de l'artiste ; c'est le moule sans lequel le métal à peine refroidi reste une chose sans valeur, sans forme, nous dirions presque sans nom.

Si, d'un côté, l'ensemble de ces réflexions nous expliquait comment et pourquoi Cicéron[1], jugeant, du reste, toujours du point de vue de l'absolu ou de la perfection idéale, avait trouvé le nombre des grands orateurs si fort au-dessous de celui des grands écrivains, des grands artistes, des grands hommes en tout autre genre, il était une chose qui d'un autre côté devenait pour nous plus inexplicable encore, c'était la préoccupation exclusive de la rhétorique pour l'art de parler, son oubli pour l'art d'écrire. Aux temps anciens, cet oubli nous paraissait déjà fort étrange ; nous savions presque gré à l'inconséquence, qui, parce qu'un bon nombre d'historiens était sorti de l'école des rhéteurs, admettait la composition historique au nombre des œuvres et quelquefois même des genres oratoires (24). Mais nous nous demandions pourquoi cette composition

---

[1] De oratore, lib. 1, cap 2, 3, 4, et Brutus...... passim.

plutôt que toute autre, que celle du roman par exemple, sortie bien évidemment elle aussi de l'école des rhéteurs, du roman que l'antiquité proprement dite ne connut point, dont les temps qui le virent naître ne purent deviner la fortune, mais auquel il était réservé de devenir ce qu'était le dialogue pour les anciens, nous voulons dire le vulgarisateur obligé de toutes les idées que l'on veut populariser.

Aux temps modernes, où la force attachée jadis à la parole a, comme nous l'avons dit, passé presque tout entière à l'écriture, l'oubli nous semblait encore plus étrange. Nous rappelant qu'au dernier siècle on avait vu Hume et Gibbon déserter ou négliger la Chambre des communes pour monter à cette haute et belle tribune des lettres d'où la France parlait à l'Europe, nous étions tentés de demander à la rhétorique pourquoi elle ne les avait point imités, pourquoi elle n'avait point, elle aussi, déserté et le Parlement et l'Audience pour s'attacher à la presse. Mais c'était surtout de nos jours que l'oubli nous paraissait incroyable. On ne regarde donc pas, disions-nous; et l'on ne voit pas renaître, sous une forme nouvelle, deux genres d'éloquence dont les anciens se sont occupés : premièrement l'éloquence démagogique ou tribunitienne, celle qui se développait à l'Agora dans Athènes et chez les Romains au Forum ; secondement l'éloquence des rhéteurs ou des sophistes, celle qui sous l'empire amusait les oisifs lettrés des grandes villes, de Carthage, de Nicomédie, de Smyrne, d'Antioche et d'Alexandrie. Ces deux éloquences viennent pourtant tous les jours, et comme en face l'une de l'autre, frapper nos yeux dans les feuilles publiques ; seulement, avec des formes nouvelles, elles ont pris de nouveaux noms ; et tout le monde sait comment s'appellent aujourd'hui ce que les Grecs nommaient δημηγορία et les Latins *concio* ; comme aussi l'ἀκρόασις ou l'ἀκρόαμα des Grecs et les *florida* qu'on peut voir dans Apulée.

Mais, en y réfléchissant plus mûrement, nous n'avons pu 4me Élimination, l'éloquence écrite. qu'approuver entièrement la réserve des rhéteurs anciens et modernes, réserve pleine de sens et de sagesse, et qui, nous le verrons bientôt, est entrée pour beaucoup dans la fortune de la rhétorique. Nous n'avons pu, disons-nous, que l'approuver; car la distinction féconde qui nous a jusqu'ici guidés dans nos éliminations, leur donnait encore ici gain de cause. En effet, si comme on le doit, on ne tient point compte des exceptions, quel qu'en puisse être le nombre, on verra que l'action des livres n'a et ne peut même généralement avoir qu'un but esthétique ou spéculatif: c'est de la littérature ou de la science; c'est donc de l'éloquence générale; ce n'est point de l'art oratoire. Pour ce qui est de cette éloquence écrite qui a la prétention d'intervenir, et qui intervient parfois puissamment dans les affaires, nous voulons parler de l'éloquence du pamphlet ou de celle de la harangue populaire de nos temps modernes, de l'éloquence de Paul Courrier et d'Armand Carrel, de celle des lettres de Junius, des Provinciales, et de la satire Ménippée; c'est bien en un sens très vrai de l'art oratoire. Car ici l'action a en dehors d'elle un but bien positif, bien direct, et presque toujours pratique; mais ce but est rarement ce qu'on peut appeler prochain, immédiat, et, de plus, il est si peu constant, si variable, que même de nos jours, la rhétorique, qui, répétons-le avec Cicéron, ne peut ni ne doit tout dire, a bien fait de ne point porter ses pas dans ce domaine, et de rester encore dans celui du discours proprement dit, du discours public.

Nous approchons, on le voit, du terrain propre de la rhétorique; nous n'y sommes point encore cependant, bien que nous touchions à la vieille et célèbre division des genres oratoires.

Aristote en est-il véritablement l'auteur? nous ne le pen- Exposition et critique de la division traditionnelle. sons pas. Mais, s'il ne l'a point inventée, il l'a du moins systématisée. Comment l'a-t-il fait? nous allons l'examiner aussi brièvement qu'il se pourra. Il faut d'abord admirer ou tout au moins approuver la hauteur du point de vue où il s'est placé. Ce point de vue est celui des dispositions de l'auditeur, dispositions auxquelles correspond nécessairement le but que se propose l'orateur.

C'est bien de là qu'il convenait en effet de partir pour établir une division raisonnée.

De deux choses l'une, nous dit-il : l'auditeur est un curieux, nous pourrions presque dire un amateur, θεωρὸς, il n'écoute que pour son plaisir ; ou bien, il est juge, arbitre de ce qu'on lui dit, κρίτης, et s'il écoute, c'est pour savoir ce qu'il doit faire et pour prendre une décision[1].

Appliquant immédiatement ici notre grand principe de distinction, qui, comme on le voit, n'est guère que celui même d'Aristote, nous remarquerons qu'auprès de l'auditeur qui n'est que curieux ou qu'amateur et n'écoute que pour son plaisir, l'orateur ne peut qu'exceptionnellement donner à l'action qu'il exerce un but pris en dehors de la spéculation, de la théorie. Ne tenons pas ici compte des exceptions, plus que nous ne l'avons fait ailleurs, et dans le genre qu'Aristote fonde sur ces premières dispositions qu'il suppose à l'auditeur, nous trouverons une nouvelle élimination à faire et quelque chose qu'il faut renvoyer encore dans l'éloquence générale. Purement littéraire ou scientifique par le fond, il peut, nous le savons bien, offrir l'apparence ou l'image d'une œuvre oratoire. Mais ce n'est qu'exceptionnellement, redisons-le, qu'il peut en avoir la réalité : or, la rhétorique étant faite en vue non de l'éloquence, mais bien de l'art oratoire, ce genre pouvait sans inconvénient en être banni. Toutefois, comme sous la forme orale, il a produit des discours, et qu'il est l'art oratoire des époques qui ne peuvent pas encore ou qui ne peuvent plus en avoir de véritable, on pouvait aussi l'admettre : c'était un lien assez

[1] Rhétorique, liv. i, chap. 3.

naturel entre l'éloquence générale et l'art oratoire proprement dit; seulement lorsque le rhéteur Hermagore (25) eut inventé sa distinction des thèses et des hypothèses, autrement des questions générales et des questions particulières, au lieu d'épiloguer sur les termes de cette distinction qui pouvait devenir féconde, il fallait (comme au rapport de Quintilien on le proposait de son temps (26) et comme quelques rhéteurs peu connus le firent depuis), il fallait, disons-nous, placer hardiment les thèses en ce genre; ou plutôt, sans s'inquiéter un instant de scrupules étymologiques, il fallait considérer comme thèse toute question, qu'elle fût circonstanciée, qu'elle ne le fût pas, qu'elle fût générale ou particulière, qui ne concluait point à une décision pratique, à un acte. Il ne fallait point par conséquent l'affecter exclusivement à louer et à blâmer; il fallait surtout indiquer que si sous la forme orale, ce n'est rien ou presque rien, sous la forme écrite au contraire, son étendue est immense, puisque l'on y peut comprendre la littérature et la science, du moins celle qui consent à s'humaniser.

Quant au nom qu'il convenait de lui donner, nous n'attachons pas à ceci plus d'importance qu'il ne faut. Toutefois celui de Démonstratif, peut induire en erreur, l'exemple de Quintilien le prouve, même les hommes de la profession; et, quant à celui d'Epideictique qu'Aristote a cru devoir lui donner, il peut faire déprécier ce genre plus qu'il ne mérite, et porter à croire qu'il n'a jamais produit que de vaines déclamations et de tristes jeux d'esprit. Ce nom seul peut empêcher d'aller chercher dans quelques-uns de ses monuments les idées utiles et la véritable et solide instruction que l'on y pourrait trouver. Les idées d'abus de la parole qu'un tel nom semble naturellement éveiller, ont rendu, qui le croirait, Fenélon injuste! Oui, Fenélon fut injuste envers Isocrate [1] : il

[1] *Dialogues sur l'Éloquence.* Le premier et le second, surtout ce dernier.

ne vit en lui que l'auteur de l'éloge d'Hélène ; il n'y vit
point l'homme dont tous les écrits respirent le patriotisme
le plus pur ; le politique qui à toutes les ambitions contem-
poraines, sut indiquer un glorieux et noble but (27), et qui
doit peut-être partager avec Homère la gloire d'avoir inspiré les conquêtes d'Alexandre (28) ; il ne vit point le noble
vieillard, qui ne jura pas, lui, par les combattants de Marathon, mais qui, à la nouvelle du désastre de Chéronée,
mourut de douleur en pleurant la Grèce (29) de ce moment
asservie. Sous la phraséologie et les périodes savantes du
rhéteur d'Athènes, Fénélon n'aperçut pas ce qu'y avaient vu
Platon [1], Cicéron et Denys d'Halicarnasse [2], ce qu'y ont
su voir depuis Bréquigny [3], Césarotti et Paul Courrier [4],
nous voulons dire, un écrivain qui, s'il n'est ni grand co-
loriste, ni profond penseur, est peut-être en revanche après
Xénophon, le plus sensé, le plus moral et le plus aimable
des prosateurs grecs.

Aux dénominations dont nous venons de signaler les in-
convénients, il serait donc peut-être à propos de substituer
un nom tout à la fois plus inoffensif et plus clair ; c'est le
nom d'expositif ou de théorique que lui donnaient jadis,
ainsi qu'on l'a vu, quelques-uns des commentateurs d'Her-

[1] v. dans le *Phèdre*, chap. LXIV, un texte traduit par Cicéron
dans l'*Orator*, cap. XIII, § 41. Cicéron ne rend pas un témoi-
gnage moins honorable à Isocrate au chap. VIII du *Brutus*.

[2] L'excellente édition et traduction des *OEuvres critiques*
de Denys, donnée en 1826 par M. Gros, 3 vol. in-18, 1er vol. de
la p. 134 à la p. 240.

[3] *Vie des Orateurs Grecs*, 2 vol. in-12, sans nom d'auteur. Paris, 1752. Cet ouvrage qui ne contient que les Vies d'Isocrate et de Dion Chrysostôme avec des traductions et extraits de
leurs ouvrages aurait mérité d'être fini. Césarotti avoue s'en être
servi, et cela se voit de reste.

[4] Il eût donné, disait-il, toutes les vérités d'Euclide pour
une page d'Isocrate. *Essai sur la Vie et les ouvrages* de
Paul-Louis Courier, par Armand Carrel.

mogène ; que Gibert [1] proposa depuis, et que tout récemment encore proposait M. Théry (30) ; car ce terme a l'avantage de rappeler bien nettement les dispositions où Aristote suppose l'auditeur qui subit l'action particulière à ce genre.

Mais ce qui importe plus encore qu'un simple changement de nom, c'est de ne point s'inquiéter, comme le fait Quintilien [2], de savoir, si l'usage ne mêle pas quelquefois ce genre aux affaires, c'est de le renvoyer à l'éloquence générale, et de lui opposer, dans un genre qu'on pourrait nommer pratique, l'art oratoire tout entier.

Revenons à la division d'Aristote : l'auditeur est, nous dit-il, un curieux, un amateur, ou bien, c'est un arbitre et un juge. N'y a-t-il point de milieu entre ces deux hypothèses ? Ne peut-on point supposer que l'auditeur vienne autrement que comme curieux, sans être pourtant tout à fait arbitre ? Ne peut-on pas supposer que l'idée de l'obligation d'agir en un sens déterminé, est dans l'auditeur bien nettement préexistante à la parole de l'orateur, et que, par une cause quelconque, celui-ci se trouve investi sur son auditeur d'une autorité qui ne permet point la contradiction ? C'est ce qu'Aristote aurait pu trouver, s'il se fût alors rappelé son royal élève. Alexandre, parlant à ses Macédoniens pour leur faire connaître ses volontés, ses projets, et les animer de son espoir et de son ardeur, n'était point assurément dans le même position qu'Hypéride (31) ou que le matelot Démade parlant dans Athènes au Pnyx ou sur l'Agora ; et la position de leurs auditeurs n'était pas moins différente : les Athéniens étaient arbitres, sans aucun doute, parce qu'ils étaient le souverain ; les Macédoniens ne l'étaient pas parce qu'ils étaient sujets. Même dans les

---

[1] La *Rhétorique ou les Règles de l'Éloquence*, par Gibert, 1 vol. in-12. Paris, 1749, p. 32.

[2] Mos Romanus, etiam negotiis hoc munus inseruit. *Instituit*, liv. III, chap. VII.

républiques, un général qui, avant une bataille adressait une harangue à son armée, ne devait ni ne pouvait voir en ses soldats des arbitres et des juges. Il en était encore ainsi des magistrats, parlant purement en ce titre, soit au sénat, soit au peuple, sans rien mettre en délibération. Il en était de même enfin quelquefois des hommes à qui leurs talents et leurs services avaient fait une position particulière et donné sur leurs concitoyens un ascendant tout spécial.

C'est ainsi par exemple que dans Thucydide [1], Périclès parle en maître, ou tout au moins en censeur sévère, au moment même où il fait son apologie; ainsi encore que le premier Africain, sans répondre aux accusations des tribuns, traîne le peuple au Capitole pour remercier les dieux des succès qu'il avait à pareil jour obtenus devant Zama [2]. Ni l'un ni l'autre de ces deux grands hommes ne voyaient alors de juges en leurs auditeurs, et ceux-ci non plus sans doute ne se croyaient point leurs juges. Comme dans les républiques anciennes, tous les faits que nous venons de citer pouvaient paraître encore de nature exceptionnelle; nous concevons qu'Aristote et tous les rhéteurs de l'antiquité aient dans leur division oublié un genre, qu'ils auraient pu, ce semble, nommer impératif ou exhortatif. Mais il peut paraître étonnant que les rhéteurs modernes, ou ceux-là du moins qui se sont spécialement occupés de l'éloquence de la chaire, n'aient point vu que c'était dans ce genre qu'il fallait placer cette éloquence nouvelle, que Platon eût préférée à toute autre, et qui, réellement, a produit le plus de bien sur la terre. Elle a sans doute des rapports avec tous les genres admis par les rhéteurs : avec le délibératif; car on y discute la destinée de l'homme, ses devoirs et ses intérêts éternels : avec le judiciaire; car on y soumet sa conduite au tribunal

[1] Liv. ii, du chap. lx à lxiv.
[2] Tit. Liv. lib. xxxviii, cap. l-li, et Aulu Gelle, lib. iv, cap. xviii.

de la conscience et de la foi : elle en a même, ainsi qu'on l'a remarqué, avec le genre dit démonstratif, du moins en y comprenant les thèses ; car, ainsi que le dit Marmontel (32), les questions qu'elle traite ne sont point circonstanciées, ce sont des questions générales ou des thèses ; mais elle se distingue de ce dernier genre, par son but essentiellement actif et pratique, comme elle se distingue ensuite des deux précédents, et de tout autre, par le caractère tout particulier d'empire et d'autorité morale dont est naturellement investi l'homme qui parle à ses frères au nom de Dieu, et leur prêche la doctrine de celui dont il est dit : *il enseignait comme en ayant le pouvoir, et non comme les Scribes et les Pharisiens*[1].

Les orateurs chrétiens ou plutôt les orateurs catholiques, (33) ont mainte fois énergiquement protesté contre le rôle d'arbitres ou de juges, que l'on semblait vouloir prendre devant eux ; et ce n'est pas seulement le missionnaire Bridaine, *plaçant auprès de lui dans sa chaire*, et montrant à ses auditeurs, *d'un côté la mort, et de l'autre son grand Dieu qui doit les juger* (34) ; c'est l'orateur au plus suave, au plus harmonieux langage, c'est le Cicéron de la France, c'est Massillon qui, par une protestation non moins forte, réclame aussi lui, pour l'éloquence chrétienne, la place à part que l'on avait oublié de lui faire (35). « Vous devez, dit-il, nous écouter « comme des disciples et non pas comme *des juges :* ce n'est « point ici une chaire de *contention* ; c'est le *lieu de la vérité.* »

A côté de ce genre impératif où l'auditeur, qui doit agir, est inférieur, sujet ou disciple, peu importe, vient se placer au contraire, celui où il est véritablement arbitre, celui qui souffre ou plutôt implique la contradiction, et qu'à raison de ce fait, Aristote a, dans un endroit trop peu remarqué de son livre, appelé l'*agonistique* (36).

Ce genre se décompose en deux autres : l'un, où l'auditeur est homme politique, membre d'assemblée délibérante, ἐκκλησιαστής, comme dit Aristote ; où la décision qu'il faut prendre regarde l'avenir ; où c'est un sentiment intéressé

______

[1] St. Mathieu, chap 7, verset 29.

qui excite et soutient son attention; où il faut par conséquent prendre pour thème le principe de l'intérêt, et développer les idées de l'utile et du nuisible : c'est le genre délibératif ou l'éloquence politique; l'autre, où la décision à prendre tombera sur le passé; où l'auditeur qui n'est point personnellement intéressé dans la discussion, est membre d'un tribunal, juge proprement dit, δικαςτὴς; où ce qui excite et soutient son attention, c'est le sentiment du devoir; où il faut prendre pour thème le principe du droit et développer les idées du juste et de l'injuste; c'est le genre judiciaire, ou l'éloquence du barreau [1].

On voit maintenant, nous le pensons au moins, et cela du premier coup d'œil, les vices de la division traditionnelle; on voit premièrement qu'elle n'est pas complète, pour nous surtout; et secondement qu'elle est encore moins immédiate, autrement, qu'au membre d'une division première, l'épideictique, le démonstratif ou le théorique, membre auquel, sous le nom de genre pratique, il fallait opposer l'art oratoire tout entier, elle oppose les deux membres d'une subdivision du genre dit agonistique. Entre le premier membre et les deux derniers, il y a bien clairement deux divisions bien entières, bien complètes : or, c'est là des vices que ne peut couvrir, pour peu que l'on y regarde, le parallélisme ingénieux et savant, mais quelquefois faux, qu'Aristote se plut à mettre en cette division, qu'il n'avait point du reste sans doute inventée.

Si maintenant nous éliminons le genre théorique ou démonstratif comme littéraire plutôt qu'oratoire; si nous éliminons encore le genre dit impératif que les rhéteurs anciens n'avaient point su reconnaître, et que les rhéteurs modernes auraient eu raison, tout en l'admettant, de renvoyer, ainsi qu'ils l'ont fait, aux traités spéciaux des gens de l'art, il ne nous restera plus alors que l'agonistique et ses deux branches, la tribune et le barreau; et nous pourrons enfin cette fois nous croire sur le vrai terrain de la rhétorique. Nous n'y serons point encore pourtant; pour

[1] *Rhétorique,* 1er liv., chap. 3.

y arriver, il nous faut une dernière élimination ; il nous faut laisser la tribune et nous en tenir au barreau.

Les premiers rhéteurs avaient écrit et enseigné au point de vue presque exclusif du barreau ; ils avaient tous plus ou moins sacrifié le délibératif au judiciaire ; c'est ce que nous attestent Platon, Isocrate et Aristote. Que les premiers rhéteurs avaient fait cette dernière élimination. — Ils en sont blâmés par Isocrate et par Aristote.

Écrit ou oral, nous est-il dit dans le Phèdre, l'art des rhéteurs ne s'occupe presque que des procès : on y dit aussi quelques mots sur les harangues politiques, et l'on n'y voit rien de plus.

Isocrate ne se contente point d'affirmer le fait ; il y voit une insigne maladresse, et blâme assez aigrement ses prédécesseurs et ses rivaux, d'avoir pris pour le principal et quasi l'unique objet de leur enseignement, ce genre judiciaire auquel dans l'opinion publique s'attachaient tant de défiances et de préventions. « C'était, dit-il, donner gratuitement à l'art l'odieuse apparence d'un art de chicane et de convoitise » [1].

Aristote est bien plus sévère encore ; là où Isocrate n'avait vu qu'une maladresse, il trouve un odieux calcul. Si les rhéteurs, dit-il, n'ont travaillé que pour le judiciaire, c'est que le délibératif ouvre à la ruse un champ bien moins vaste et moins commode, et qu'il permet moins d'user de ressources étrangères à la preuve ; c'est qu'au délibératif l'auditeur juge dans sa propre cause, est par ce seul fait moins exigeant peut-être comme amateur, mais beaucoup plus comme juge ; c'est qu'il fait là de lui-même ce que la loi fait en certains tribunaux, ce qu'elle devrait faire partout ; c'est qu'il force l'orateur à se renfermer bien strictement dans la preuve [2].

Ni les réprimandes, ni les exemples d'Isocrate et d'Aris- Que ces reproches n'empêchent ni les auteurs grecs des temps postérieurs ni les rhéteurs latins, de suivre sur ce point l'exemple de leurs devanciers.

---

[1] Discours contre les sophistes, § 11 et avant-dernier.

[2] Rhétorique, liv. I, chap. I, § 2, pag. 8 et 9 de l'édition et traduction de M. E. Gros.

tote, ne réformèrent à cet égard les rhéteurs ; et, quand l'art fut par eux emporté à Rome, le judiciaire y eut encore une prédominance marquée ; on peut même le dire, il y fut tout. Que sous l'empire, les Romains aient sur ce point imité les Grecs, et que, dans Quintilien par exemple, on ne trouve qu'un seul chapitre sur le délibératif comme sur le démonstratif [1], tandis que tout le reste des institutions est pour le judiciaire, cela n'a rien d'étonnant. Pour les orateurs, véritables rois déchus, toute l'ambition se bornait alors à plaider devant la cour des centumvirs, ou bien à défendre au tribunal domestique du prince, les administrateurs du domaine et les affranchis en disgrace. Et, si une réputation oratoire menait quelqu'un au sénat, à moins qu'il ne se fît délateur officiel et accusateur en titre, ou qu'il ne cherchât par une bravade un peu vaniteuse un trépas tout stoïcien, qu'avait-il à faire si ce n'est d'applaudir pendant leur vie, Néron, Domitien et Commode, en se réservant d'inventer ou de répéter contre eux, après leur chute, d'assez lâches acclamations. Même sous les bons princes, c'était au palais que tout était décidé, et la délibération publique n'existant nulle part, ce serait la présence du délibératif dans la rhétorique de cette époque qui aurait le droit de surprendre. Mais que cette prodigieuse disproportion entre les deux genres existe aussi sous la république, qu'elle se trouve dans Cicéron, voilà qui est plus étrange ; et cependant le fait est certain. Après avoir judicieusement au deuxième livre du *de oratore*, limité l'art oratoire à l'agonistique d'Aristote, au délibératif et au judiciaire, il fait comme fit plus tard Quintilien.

Sous prétexte que presque tous les préceptes du genre judiciaire sont applicables au délibératif, ce qui, disons-le, n'est point absolument vrai, il n'accorde à ce dernier genre que deux pages ou deux chapitres ; il ne lui accorde que ce qu'il donne également à un genre qu'il considérait d'abord avec raison, comme appendice et non comme partie

---

[1] Institutions, liv. III, chap. VIII et VII.

de l'art oratoire [1], et semblait pour cela vouloir retrancher de la division reçue [2]; nous voulons parler du genre dit démonstratif. Ce n'est pas tout : si vous parcourez dans son Brutus cette curieuse histoire de ce qu'avaient été jusqu'à lui dans Rome, et l'art oratoire et les lettres [3], vous le verrez assez constamment renvoyer soit au sénat, soit à la tribune aux harangues, mais surtout au sénat, ceux qui, sans être précisément orateurs, n'étaient pourtant pas complétement dénués du talent de la parole ; vous le verrez, on peut le dire à la lettre, faire des deux branches du genre délibératif une sorte de ressource ou de pis-aller pour ceux qui ne pouvaient briller au barreau.

Certes, on ne peut le nier, une préoccupation aussi forte pour le genre judiciaire, est, au premier abord, incroyable dans l'homme qui devait être plus fier encore et de ses Catilinaires et de ses discours contre Rullus que de ses plaidoyers pour Cluentius ou Roscius d'Améries; dans l'homme qui devait sentir que c'était à l'élément politique qui s'y trouvait renfermé que ses plus beaux plaidoyers, ses Verrines, sa Milonienne, ses discours pour Scaurus ou pour le tribun Cornélius, devaient en grande partie et leur intérêt et leur supériorité [4]. Mais plus une telle préoccupation paraît incroyable de la part de l'éloquent consulaire, et plus nous pensons qu'elle mérite que l'on en cherche les causes. Or, elles ne sont pas bien difficiles à trouver. Lisez au XVII° chapitre du deuxième livre *de oratore*, les motifs

[1] Neque sanè jam causa videtur esse, cur secernamus ea præcepta quæ de suasionibus tradenda sunt, aut laudationibus: Sunt enim pleraque communia; De oratore, lib ii, § 333. Les chapitres consacrés au délibératif viennent à la suite: c'est le LXXXII et le LXXXIII, les deux suivants sont pour le démonstratif.

[2] De oratore, liv. ii du § 43, chap. x au chap. xviii.

[3] Voir les § 80, 108, 109, 112, 135, 165, 176, 178, 222, 223, 224, 268, 333.

[4] Voir au dialogue de Tacite sur les orateurs, chap. xxxvii.

pour lesquels Cicéron veut limiter, si ce n'est l'art oratoire, tout au moins la rhétorique, au judiciaire et au délibératif, et vous y trouverez aussi la raison qui, dans tous ses traités oratoires, lui a fait négliger le second pour le premier. Aux yeux de Cicéron, l'œuvre oratoire qu'il élève, comme l'on sait, au-dessus de toutes les œuvres humaines, est un combat, un véritable duel ; là, « vous avez, dit-il, un « adversaire sous les armes : il vous faut et le frapper et « vous garder de ses coups [1]. » Ou nous nous trompons, ou ce mot nous explique bien le problème dont nous cherchons la solution. Il nous apprend pourquoi tout en rendant justice au talent des Gracques, Cicéron dit qu'*ils marchè- rent dans un champ bien plus libre et plus facile* [2].

1er motif sa difficulté.

Dans l'un comme dans l'autre genre, il y a sans doute, la plupart du temps au moins, combat ou lutte ; mais par la force même des choses, le combat est généralement plus vif et plus opiniâtre dans le judiciaire que dans le délibé- ratif. La raison en est bien simple : dans l'un l'issue du combat est nécessairement claire et décisive, la sentence des juges proclamant sans équivoque votre victoire ou votre défaite : dans l'autre, l'issue du combat peut être douteuse, la clôture de la discussion et le vote de l'assemblée pouvant ne donner gain de cause ni à l'un ni à l'autre des deux ad- versaires, et admettre ce qu'on nomme un moyen terme. Au barreau, il a fallu de tous temps, il faudra toujours inévitablement vaincre ou succomber. Au sénat ou à la tribune, on pouvait au contraire, comme l'on peut encore dans nos chambres, sortir de la lutte à armes égales ; on pouvait et l'on peut encore capituler honorablement.

1. In causarum contentionibus magnum est quoddam opus, atque haud sciam *an de humanis operibus longe maximum*, in quibus vis oratoris plerumque ab imperitis exitu et victoriâ judi- catur, ubi adest armatus adversarius, qui sit et feriendus et re- pellendus. Lib. II, cap. xvii, § 72.

* Gracchi in concionibus multo faciliore et liberiore genere dicendi. Brutus, cap. xcii, § 333.

Cette raison déjà solide n'est pas du reste la seule qui décida Cicéron et qui avait avant lui, ainsi qu'elle a fait depuis, décidé la grande majorité des rhéteurs. Non-seulement comme étant en un sens plus difficile dans la pratique, le genre judiciaire était celui qui avait le plus besoin et de conseils et de règles. C'était aussi celui auquel par la nature des choses, ces règles et ces conseils s'appliquaient le mieux et pouvaient le plus profiter. Au barreau, redisons-le, il y a duel et combat en règle entre les deux adversaires; c'est un combat analogue à celui des gladiateurs ; là, depuis les premiers coups jusqu'aux derniers, tout, à peu de choses près, peut se laisser prévoir et déterminer d'avance. Il n'en pouvait être de même dans le champ plus large du genre délibératif; là, tout est vague, indéterminé, l'occasion, le lieu, le temps précis du combat; là, tout peut changer d'un instant à l'autre ; là, bien souvent, ce ne sera point la vigueur et l'adresse des adversaires, ce sera le hasard ou mille choses étrangères à l'éloquence qui décideront la victoire ; là enfin, ce n'est plus le duel, ce n'est plus un simple combat, c'est une campagne, c'est la guerre; là, ce qui convient ce n'est point l'art de l'escrime, c'est quelque chose bien moins susceptible et de s'enseigner et de s'apprendre ; c'est ce qu'on nomme la *tactique*.

2me motif, son ca-
ractère plus discipli-
nable.

Le genre judiciaire étant, ainsi qu'on le voit, par la nature même des choses, dans un sens, plus difficile, et dans un autre, plus disciplinable, on comprend que sans inadvertance et sans vues étroites, comme le supposaient et Platon et Isocrate, sans motif honteux et sans vues coupables, comme le prétendait Aristote, les premiers rhéteurs aient à peu près borné la rhétorique, a ce genre judiciaire. On comprend que sans tenir compte de reproches qui n'étaient point mérités, les rhéteurs de tous les temps aient, presque sans exception, suivi leur exemple; on peut même aller plus loin, on peut dire que la fortune de la rhétorique tient en grande partie à ce que Platon, Isocrate et Aristote ont traité d'inconséquence ; voici comment. Supposons qu'elle eût suivi la marche opposée, et que

Cette préférence
contribue beaucoup
à la fortune de la
Rhétorique.

ce fût au délibératif qu'elle eût sacrifié le judiciaire ; que serait-il arrivé ? c'eût été l'art de contrées et d'époques spéciales, l'art des républiques dans l'antiquité, l'art aux temps modernes de ce que nous appelons les gouvernements représentatifs ; partout ailleurs elle aurait été inutile, et partant abandonnée. Au contraire, en s'attachant à ce qui est de tous les temps et de tous les lieux, aux tribunaux et à la justice, elle est aussi restée, sinon toujours l'art, du moins le métier de tous les lieux et de tous les temps.

Supposons encore que par déférence pour Platon, elle eût eu la prétention ambitieuse d'embrasser toutes les applications qu'en particulier comme en public, on peut faire de la parole soit orale, soit écrite ; ou bien elle se perdait dans un dédale à peu près inextricable, ou bien restant à une hauteur suffisante pour tout dominer, elle se bornait à un petit cercle de quelques généralités, dont il eût été difficile, pour ne pas dire impossible, de tirer parti, quand on aurait voulu descendre de la théorie à la pratique. Pour que de ses observations pût résulter un corps de doctrine bien lié, bien compact et surtout usuel, il fallait que sur le terrain des applications pratiques de l'éloquence, disons même avec Aristote, sur le terrain de l'agonistique, elle choisît et prît un centre.

Déjà sous plus d'un rapport, ainsi que nous venons de le voir, elle n'en pouvait prendre un nulle part plus avantageusement qu'au barreau. Mais une autre considération pouvait encore lui commander ici le choix qu'elle a fait : c'est que le genre judiciaire est au fond de tous le plus compliqué. De ce fait que l'on ne peut guère contester, deux conséquences se déduisent : la première est que, pour développer toutes ses forces et donner à son esprit toute la souplesse désirable, la gymnastique ou l'escrime du genre judiciaire est naturellement le plus sûr et le meilleur exercice. C'est ce que comprit très bien Marmontel, qui, aux idées les plus hautes en théorie, sut joindre, ainsi qu'on le voit, les vues les plus justes en pratique. « De même,

« nous dit-il, que pour développer le corps et lui donner
« de l'agilité, de la souplesse, on exerçait les jeunes Ro-
« mains à la lutte, sans pour cela vouloir en faire des
« athlètes ; de même, si l'on veut m'en croire, on exercera
« l'esprit de la jeunesse destinée aux fonctions qui deman-
« dent le don de la parole, on l'exercera longtemps dans
« la lice du plaidoyer. Car il n'est point de genre d'éloquen-
« ce qui ne se réduise aux règles de la plaidoierie. Instruire,
« prouver, réfuter, émouvoir et persuader, c'est dans tou-
« tes les situations de la vie l'art de dominer les esprits [1]. »

La seconde conséquence impliquée au fond dans la première, mais qu'il n'est peut-être pas inutile d'en dégager,
c'est que pour faire de la théorie du genre le plus compliqué, la théorie soit de tout autre genre moins difficile
et plus simple, soit même de tout l'art oratoire ou de toute
l'éloquence, il fallait infiniment moins de changements et
de modifications que si l'on avait ici pris une marche opposée. Retrancher sera toujours bien plus aisé qu'ajouter.

Il en est au fond de l'éloquence comme du monde ; c'est
une sphère infinie dont, en un certain sens, le *centre est
partout*, parce que là aussi la *circonférence n'est nulle part*.
Là, toutefois, le choix du point qu'il fallait prendre pour
centre, et dont il convenait de faire la *citadelle* de l'éloquence [2], comme le dit l'orateur Aper, dans ce beau dialogue de Tacite que nous ne nous lassons point de citer,
n'était rien moins qu'une chose sans importance. C'était,
au contraire, une opération capitale dont le succès est entré
pour beaucoup, redisons-le, dans la fortune de la rhétorique.

D'autres arts ont beaucoup promis et peu donné. Malgré
la réputation de charlatanisme qui s'attache trop généralement à son nom, on peut dire qu'elle a fait tout le con-

[1] Encyclopédie art. rhétorique, le second.

[2] *Tecùm mihi, Materne, res est, quòd cum natura tua in ipsam
arcem eloquentiæ te ferat, errare mavis.* Chap. x.

traire ; elle s'est modestement présentée comme la théorie
du genre judiciaire ; et c'est pour cela peut-être qu'elle est,
par la force même des choses, devenue la théorie non-seulement de l'art oratoire, mais de l'éloquence tout entière,
c'est-à-dire de toute l'action intellectuelle et morale que
peut exercer la pensée.

En veut-on la preuve ? Voyez comme son cercle, si étroit
d'abord, s'élargit en certaines mains. Lisez les trois grands
traités oratoires de Cicéron, le vrai chef-d'œuvre, au dire
de Bacon, d'un homme qui fut à la fois si grand comme
orateur, et si grand comme écrivain. Vous n'avez jamais
tout à fait perdu de vue le barreau. Eh bien ! voyez si dans
l'art bien plus général de parler, d'écrire, de penser même
et de vivre, il est des points importants sur lesquels vous
ne trouviez pas les plus ingénieux et les plus utiles conseils.
Avec les réserves commandées, quand on cite des noms
après le grand nom de Cicéron, nous en pouvons dire autant d'Hermogène, rhéteur grec, trop peu connu, et dont
la traduction nous manque ; autant encore de quelques
modernes que nous avons bien souvent cités, de Marmontel, par exemple, de Campbell et de Whately, du dernier
surtout, qui restreint fort sagement la rhétorique à ce qu'il
nomme la composition argumentative ; autant de l'Espagnol don Grégorio Mayans, qui, dans le cadre d'une excellente rhétorique [1], a fait entrer avec autant de goût
que d'aisance un traité des plus curieux sur la riche et
belle littérature de son pays ; autant enfin du plan tracé
par Fénélon et Rollin, et si bien exécuté par un homme
auquel, s'il avait eu une *ambition* autre que *celle d'être
utile*, il eût été si aisé de l'améliorer et surtout de l'élargir
davantage [2].

[1] *Rhetorica* de don Gregorio Mayans i Siscar, 2 vol. petit
in-4°, segunda edicion, Valence, 1786 ; la première était de 1787.
[2] *Nouvelle Rhétorique*, extraite des meilleures écrivains [an-
ciens et modernes, édit. de 1827, préface, p. ɪ et x.

Si, comme nous pensons l'avoir prouvé, la fortune de la rhétorique tient en grande partie à ce qu'elle s'est, par le fait, presque exclusivement restreinte au genre judiciaire; il n'est plus qu'une chose qui étonne.

Qu'à l'époque où l'art oratoire ne trouvait guère nulle part de carrière digne et d'application sérieuse, des rhéteurs latins et grecs, comme Emporius, Ménandre et l'auteur de la rhétorique singulière mêlée par mégarde aux belles et savantes études critiques de Denys d'Halicarnasse, aient composé des traités spéciaux du genre dit épideictique ou démonstratif; Qu'au dernier siècle l'académicien Thomas ait écrit sur le même sujet et sous le titre d'essai sur les éloges, un ouvrage qu'il ne faudrait pas confondre avec les tristes compilations dont nous venons de parler, un ouvrage d'un véritable mérite, cela se conçoit; il s'agissait là d'un genre que la rhétorique n'avait jamais considéré que comme un appendice d'une très mince importance;

Traités spéciaux du genre dit épideictique ou démonstratif.

Que saint Augustin, d'abord, puis plus tard Erasme, le cardinal Valério, le pieux, le savant et éloquent Louis de Grenade, puis plus tard encore Fénélon et l'abbé Maury, pour ne point parler d'une foule d'autres, aient également écrit pour l'éloquence évangélique, des traités spéciaux dont quelques-uns sont de vrais chefs-d'œuvre, rien ne s'explique mieux encore. Il s'agissait là d'un genre dont les rhéteurs anciens n'avaient rien pu dire, puisqu'ils ne l'avaient point connu.

Traités spéciaux pour l'éloquence de la chaire.

On comprend même qu'à la suite de cette curieuse galerie où l'on parcourt avec un si vif intérêt les portraits si spirituels et si vrais des orateurs d'une de nos deux chambres, Timon nous ait rapidement et à grands traits esquissé une petite rhétorique parlementaire. L'éloquence politique est un genre connu, mais, comme nous l'avons vu, négligé par presque tous les rhéteurs anciens, si vous en exceptez Isocrate et Aristote. Il est même étrange peut-être que les

Traités spéciaux pour l'éloquence politique ou le genre délibératif.

Anglais n'aient jamais composé, pour ce genre, de traité spécial, eux qui, comme on l'a dit, *voient dans la tribune elle-même la meilleure préparation à la tribune*; eux qui, en adoptant ainsi qu'on l'a fait partout, la division des trois genres, ont cru devoir les échelonner ou les graduer, regardant l'épideictique ou démonstratif, comme l'*inférieur et le plus humble des trois*, c'est l'expression même de Blair : *the first and lowest*; plaçant au second rang le judiciaire, et considérant enfin le délibératif comme le troisième et le plus élevé : *the third and highest*.

Mais que l'on ait cru qu'il fallait également des traités spéciaux pour le genre judiciaire, et que les rhéteurs anciens n'avaient point assez fait pour les avocats, voilà ce qui est véritablement incroyable; car on peut le dire à la lettre, tout était pour eux. A qui, si ce n'est aux avocats, s'adressent, ainsi du moins qu'elles nous sont présentées, et la doctrine si compliquée des états de la cause et la théorie des topiques ? En quel autre genre que le judiciaire, trouve-t-on communément les six parties du discours qu'ont admises les rhéteurs ? Dans quel autre genre enfin est toujours aussi juste la définition qui, à l'éloquence, donne pour but unique la persuasion ?

Ceci nous ramène à la définition que nous avons proposée. Par cela même qu'elle a, comme nous l'avons vu, la prétention d'embrasser tout l'empire de l'éloquence ou celui de la pensée, ne sera-t-elle point inapplicable aux cercles bien plus étroits, soit de l'art oratoire en général, soit en particulier de la rhétorique; et l'antique définition n'aurait-elle point ici sur la nôtre un véritable avantage ? C'est ce qui nous reste à examiner.

Si ce n'était pas ici avant tout des recherches sérieuses, un travail de bonne foi, Quintilien, Sextus et les commentateurs d'Hermogène nous fourniraient contre la définition reçue une foule d'objections dont nous ne ferons point usage, parce que nous les trouvons trop subtiles et trop verbales. Nous ne dirons point non plus comme Campbell[1] qui se rencontre ici avec Quintilien[2], que si l'art oratoire est exclusivement l'art de persuader, il faut, de la liste des trois genres, rayer l'épideictique ou démonstratif, la persuasion proprement dite, celle qui se résout en actes, ne pouvant qu'exceptionnellement y trouver place, car, par ce seul fait, ainsi que nous l'avons dit, ce genre est à nos yeux, du moins sous sa forme orale, appendice et non partie de l'art oratoire. Nous pousserons même bien plus loin l'impartialité. Nous avouerons que non-seulement au genre judiciaire, que non-seulement même dans l'agonistique, mais encore dans ce genre plus vaste que nous avons appelé pratique, et qui forme, selon nous, le vrai domaine de l'art oratoire, ce but externe, direct, positif, prochain, immédiat, qui distingue précisément l'art oratoire de l'éloquence générale ou théorique, est communément quelque chose de si analogue à la persuasion, quand ce n'est pas la persuasion même, qu'à ne point tenir compte d'un petit nombre d'exceptions, on peut parfaitement lui donner ce nom. Mais nous soutiendrons aussi que même en cette sphère plus étroite, il est également permis de voir l'action au lieu de la persuasion, et qu'il peut même y avoir quelques avantages à le faire. Comparons rapidement ces deux termes; et sans prétendre exclure le dernier, voyons si l'autre n'est pas à certains égards préférable.

Entendus au sens qu'ils semblent offrir tout d'abord, les mots de πειθώ, de *suadu*, de persuasion, nous paraissent avoir un rapport trop exclusif avec ce que les Grecs appelaient l'ἦθος, avec l'élément politique ou bien moral, celui qui consiste à plaire, à séduire; ils ne réveillent que très faiblement l'idée, soit de l'élément logique, soit de l'élément esthétique ou pathétique. Quand vous les entendez prononcer, vous pensez à ce langage de miel qu'Homère

1er motif de préférence.

---

[1] *The Philosophy of Rhetoric*, Book I, chap. I, p. 33, note.

[2] *Institutiones*, liv. III, chap. IV et VII, presqu'au début, p. 153 et 178 de l'édition d'Obrecht.

fait couler des lèvres du vieux Nestor, bien plus qu'à ce que l'on a nommé les foudres de Démosthène, de Bossuet et de Mirabeau. Longin dit formellement du sublime [1], « qu'il ne persuade point l'auditeur, mais, ce qui vaut « mieux, qu'il le saisit, le maîtrise, et le met dans l'im-« puissance absolue de résister. » Et, sans le savoir, Montaigne a traduit Longin, lorsqu'il nous parle de cette beauté supérieure [2], *qu'on ne saurait non plus que la splendeur d'un éclair discerner d'une vue ferme et rassise, qui ne pratique point notre jugement, mais le ravit et ravage.*

Le mot action, au contraire, comme nous l'avons vu, s'applique aussi bien à l'un qu'à l'autre des trois éléments; il convient au talent sévère et tout polémique de Bourdaloue, à la parole impérieuse de Bossuet, comme à la séduction si douce et si pénétrante de Fénélon et de Massillon.

2me motif.

Pris au sens complexe que lui donnent les rhéteurs, à ce sens où il comprend à la fois les trois éléments, le terme de persuasion peut mener encore à l'erreur. Il peut faire croire que ces trois éléments sont toujours rigoureusement nécessaires et doivent se trouver en proportions presque égales dans l'œuvre oratoire; que l'homme de science et le logicien, l'homme du monde et le courtisan doivent toujours se montrer dans le rôle complexe de l'orateur. Ici, disons-nous, est une erreur : erreur légère, si l'on veut, dans la théorie, mais qui ne le serait point en pratique, si le tact et le goût ne venaient instinctivement la combattre. Dans l'art oratoire, en effet, aussi bien que dans la sphère plus vaste de l'éloquence, l'action peut être une, comme elle peut être double et triple. Selon le nombre et la nature des éléments dont elle se compose, et selon la manière dont ces éléments auront à se combiner, l'action sera, nous en conviendrons bien volontiers, plus ou moins belle et

---

[1] Περὶ ὕψους. α. Section 1re, p. 4, de l'édit. de Toup. Oxford, 1778, in-8°.

[2] Essais liv. 1, chap. 36.

plus ou moins forte ; elle éveillera par suite, d'une manière plus ou moins vive, les idées qu'on se fait communément de l'art oratoire. Mais que cet art oratoire, aussi bien que l'éloquence, puisse absolument se trouver dans l'unité d'action, c'est ce qui, de soi d'abord, nous paraît visible, puisque nous nous décidons souvent sous l'influence d'une seule des trois actions que peut exercer sur nous la pensée d'autrui, comme notre propre pensée : c'est ensuite ce que croyait apparemment Cicéron, lorsque, dans son *Orator* (37), il citait, en les rapprochant ou plutôt en les opposant, trois discours dans chacun desquels entrait à peu près exclusivement un seul des trois éléments, une seule des trois actions de son art ; ces trois discours sont le plaidoyer pour Cœcina, où il ne s'agissait que de discuter un point de droit, partant que d'instruire ou de prouver ; le discours pour la loi Manilia, où en faisant l'éloge de Pompée au peuple romain, dont cet homme si nul était alors l'idole, l'orateur cherchait particulièrement à plaire ; et enfin la défense du vieux Rabirius, où à raison de la gravité politique de la question, il crut, dit-il, devoir *s'enflammer*.

Maintenant, si l'art oratoire comportant ou plutôt réclamant parfois l'emploi des trois éléments, des trois forces dont nous avons parlé si souvent, peut être conçu comme il l'est par Marmontel, sous l'ingénieuse image d'une vraie dynamique ; si là, comme dans la mécanique proprement dite, il ne faut point de *mouvement perdu*, et que tout doive y être proportionné, *puissance*, *levier*, *résistance* ; le mot qui impliquerait toujours et d'une manière absolue l'emploi simultané des trois forces, est, ce semble, moins exact que celui qui, n'impliquant que l'idée du développement de la force en général, laisse dans le domaine relatif où la raison veut qu'elle reste, la question de savoir quand une seule de ces forces suffit, quand il y en faut joindre une autre, quand il les faut enfin, et dans quelle mesure il les faut combiner toutes les trois. C'est, disons-nous, dans le domaine relatif que doit rester une pareille question : rien n'est plus facile à comprendre ; elle est, nous l'avons déjà dit, insoluble, si vous la considérez au point de vue de l'absolu. Pour la résoudre, il faut tenir compte d'abord des temps et des lieux. Que dirait-on de deux avocats ou de deux orateurs de tribune qui s'injurieraient comme le font Eschine et Démosthène? Les calembours que Cicéron se permet sur le nom malencontreux de Verrès, seraient-ils tolérés devant le moins grave de nos tribunaux? Et le pathétique dont on faisait à Rome un emploi si large, ne serait-il point chez nous trouvé de beaucoup trop théâtral?

Prêche-t-on en France ainsi qu'on le fait en Italie? Et si des hustings français venaient à se dresser pour un autre O'Connell, parlerait-il comme le grand *agitateur* le fait devant les hustings de l'Irlande ou dans les meetings d'Angleterre? Des mémoires écrits comme ceux de Beaumarchais, auraient-ils, de nos jours, assez de retentissement et de vogue pour aller sur le trône des lettres inspirer un mouvement d'inquiétude jalouse à Voltaire? Et l'éloquence si vigoureuse et si mâle de nos trois assemblées révolutionnaires, de la dernière surtout, n'est-elle pas pour nous de tout aussi peu d'usage que celle des Gracques, de Démade (38) et de Cléon?

Mais ce n'est pas seulement les temps et les lieux que, pour résoudre la question dont il s'agit, il faut prendre en considération sérieuse : il ne suffit pas de se dire comme Périclès le faisait en montant à la tribune : *souviens-toi que tu vas parler à des hommes, à des Grecs, à des Athéniens;* il faut aussi tenir compte de son individualité ; et dans un sens très vrai, chacun doit, comme on l'a dit, se faire à lui-même sa poétique ou sa rhétorique. Chacun doit laisser prédominer dans sa parole et son œuvre celle des trois forces dont l'a particulièrement doué la nature. Qu'elle vous ait fait avant tout logicien, courtisan, poète, peu importe ; restez ce que vous êtes, ou plutôt devenez tout ce que vous devez être. *Remplissez,* comme disait le cardinal de Retz, *toute l'étendue de votre mérite;* développez autant qu'elle est susceptible de l'être, la force qui vous est propre, et vous serez éloquent; vous pourrez même être orateur.

Mais pour ce qui est de rétablir l'équilibre entre les forces
que vous avez et celles qui vous manquent ; toutes les ressources de l'art, celles même du travail le plus opiniâtre
seraient, on peut le dire, impuissantes. On sait combien
Cicéron avait étudié Démosthène. Pourquoi ne lui prit-il
point la vigueur, le nerf, la fière rudesse (39) qui forme le
trait le plus saillant de la grande physionomie de l'orateur
athénien ? c'est que l'on ne prend réellement aux autres
que ce que l'on a déjà par soi-même ; c'est qu'il ne pouvait
lui prendre sa bile, non plus que ce caractère dur et farouche, et cette irascibilité propre au sang scythique qui,
disait-on, coulait dans ses veines [1] ; c'est que le Grec ne
savait que haranguer, et qu'il resta court devant Philippe [2],
tandis que le Romain savait converser et vivre, et devait
être aussi séduisant dans le commerce de la vie privée
qu'au barreau, qu'au sénat ou à la tribune ; c'est que Cicéron pleura sa fille comme l'eût fait une mère, et voulut
sérieusement lui élever un temple [3], tandis qu'à la nouvelle de la mort de Philippe, on vit Démosthène déposer
le deuil qu'il venait de prendre pour la perte de sa fille, et
cesser de la pleurer [4]. Voilà des faits auxquels auraient dû

[1] Voir Eschine, *Discours contre Ctésiphon*, p. 78, de l'édition des orateurs grecs, donnée par Henri-Étienne, in-folio,
1575. Plutarque, *Vie de Démosthène*, chap. 4, répète l'asser-
tion d'Eschine, en ajoutant qu'il ne peut ni la soutenir ni la
combattre.

[2] Eschine, *Discours sur la fausse ambassade*, p. 31, 32 et
33, de l'édit. de Henri-Étienne. Plutarque, *Vie de Démosthène*,
chap. 16, paraît rejeter cette anecdote, contée très plaisam-
ment par Eschine ; mais il ne la réfute point.

[3] Voir un fragment du livre de la *Consolation* conservé
par Lactance, *Divinarum institutionum*, lib. i, cap. xv, et la
Correspondance avec Atticus, liv. xii, lettres 18, 19, 35, 36
et 41.

[4] Eschine, *Discours* contre Ctésiphon, p. 64 de l'édit. de
Henri-Étienne, et Plutarque, *Vie de Démosthène*, chap. 21.

songer peut-être ceux qui, comparant les deux orateurs, ont, d'une manière qui nous semble trop absolue, donné la préférence au premier (40). Car Cicéron retrouve, selon nous, au barreau, la supériorité qu'à la tribune prend sur lui son redoutable rival. Et puis, Démosthène n'est qu'orateur ; si ses harangues avaient péri comme celles d'Hypéride, le premier de ces deux noms ne serait peut-être pas plus sonore et retentissant que l'autre. Supposons, au contraire, que le temps eût dévoré tous les monuments oratoires de Cicéron ; ses livres et ses lettres suffisaient pour lui conserver la place qu'il occupe, et faire de son nom celui du premier des classiques latins.

Mais nous appartient-il bien de vider ainsi en passant une aussi grande querelle ? nous n'aurions certes pas osé le faire, si notre opinion ne pouvait se mettre à l'abri de l'autorité de Plutarque (41). Reprenons notre raisonnement.

Pris au sens complexe que lui donnent les rhéteurs, le mot de persuasion n'indique point assez comment, ainsi que Cicéron l'a dit quelque part (42), l'art des bienséances tient, avant tout, à conserver toujours bien franche et bien nette son individualité, à bien connaître, à bien exploiter les forces que la nature nous a départies, sans prétendre à celles, fussent-elles supérieures, qui nous auraient été refusées ; ce mot ne laisse point tout d'abord comprendre comment le même ton, le même langage ne convient, ainsi que le remarque Quintilien (43), ni à toutes les personnes, ni même au même homme dans toutes les positions et dans tous les âges ; comment enfin, selon l'heureuse et pittoresque expression de Cicéron, la parole doit mûrir et blanchir avec l'orateur.

Sous le mot action, au contraire, tout ceci se voit du premier coup-d'œil ; admettez ce mot, l'*homme* perce aussitôt *sous le style* [1] ; vous vous préservez de tout esprit ex-

---

[1] Buffon.

clusif; et cependant vous pouvez, vous devez même avec La Bruyère [1], proclamer comme plus éminemment éloquents les écrivains qu'à moins de leur ressembler naturellement, il faut, dit-il avec raison, se garder le plus d'imiter ceux qui écrivent « *par humeur,* que le cœur fait parler, à « qui il inspire les termes et les figures, et qui tirent pour « ainsi dire de leurs entrailles tout ce qu'ils expriment. »

Nous pourrions peut-être ajouter que la persuasion suppose une victoire que la force dont nous parlons ne remporte pas toujours, et sur laquelle même au moment de se déployer, elle sait bien souvent d'avance qu'elle ne peut compter; que l'action ne suppose, au contraire, qu'un combat où le vaincu peut, dans sa retraite, se montrer plus habile et plus fort que son vainqueur. Toutefois, nous abandonnerons cette considération qui pourrait peut-être paraître un peu trop verbale. Mais ce que nous ne pouvons omettre, c'est que, d'une part, notre définition correspond de la manière la plus précise avec les idées les plus hautes et les plus belles que les théoriciens se soient jamais faites de l'éloquence et de l'art oratoire, et que de l'autre, elle ne correspond pas d'une manière moins exacte avec les simples notions que les peuples en ont reçues sous l'infaillible impression de la vue première, et que sous la dictée de l'instinct, ils ont ensuite naïvement traduites en leurs langues. Quelques mots sur ces deux considérations.

3me et dernier motif de préférence.

Cicéron soutient quelque part dans son Brutus (44) que, sans s'arrêter à écouter l'homme qui parle, on peut en passant et d'un seul coup d'œil, juger si l'œuvre oratoire s'opère ou non dans une assemblée. A quoi le reconnaît-il? à l'action exercée sur les esprits et les cœurs, et qui se traduit nécessairement sur les traits de tous ceux qui la subissent. Cicéron, et nous avons eu déjà l'occasion de rappeler cette comparaison, une des plus heureuses peut être

[1] Chap. 1, des ouvrages de l'esprit.

qu'on ait jamais faites, Cicéron, disons-nous, voit dans l'auditoire un clavier vivant dont les cordes doivent rendre tous les sons que leur demande la main de l'artiste qu'il appelle l'orateur. Et que ce ne soit point ici un aperçu vague et fugitif ; que Cicéron ait, sinon toujours, au moins la plupart du temps, et précisément quand il fut sur ce point le plus heureusement inspiré, vu principalement dans l'art oratoire, ce que nous proposons, nous, d'y voir uniquement, l'action, mille choses le prouveraient au besoin. Qu'on lise seulement l'éloge de l'art oratoire, qu'au début du plus long de ses trois traités Cicéron met dans la bouche de Crassus [1]. Qu'y célèbre-t-il à chaque ligne, si ce n'est la supériorité, le caractère merveilleux, le pouvoir, l'utilité, les jouissances attachées au don d'agir sur les esprits et les cœurs? et c'est là précisément aussi ce que célèbre Tacite, dans un passage de son beau dialogue (45) où il lutte audacieusement contre Cicéron et l'égale, si même il ne le surpasse. Quand on a lu ces deux magnifiques éloges dont tout est pris si nettement dans l'idée de l'action, l'on doit croire au premier abord qu'il est impossible d'y ajouter un seul trait.

En descendant plus profondément encore dans cette idée d'action, un moderne a pourtant su trouver ici le moyen de renchérir. Qu'y a-t-il d'aussi magnifique, demandent à l'envi et Cicéron et Tacite, d'aussi puissant et d'aussi royal? Qu'y a-t-il d'aussi divin, pouvons-nous ajouter avec le Napolitain Vico ? C'est en effet à l'action divine, à cette action à la fois suave et puissante qui, dans la langue chrétienne, s'appelle du doux nom de grâce, que dans un de ses beaux discours (46), l'auteur de la *science nouvelle* croit pouvoir assimiler l'action que l'homme exerce par l'art oratoire : et ce rapprochement ne nous paraît point chimérique, du moins dans les sages limites où sa foi prescrivait à Vico de le renfermer. Voyez plutôt ce que les

---

[1] *De Oratore,* lib. I, cap. VIII.

disciples d'Emmaüs nous rapportent de l'impression produite sur eux par le divin maître avant que leurs yeux se fussent ouverts pour le reconnaître. « Notre cœur, disent- « ils, ne brûlait-il pas en nous, tandis qu'il nous parlait sur « la route et nous expliquait les Écritures [1]. » Et n'a-t-on pas dit quelquefois des grands orateurs, qu'eux aussi tenaient les cœurs des hommes en leurs mains.

Ne verrait-on par hasard ici que des exagérations oratoires? Eh bien ! voilà que le peuple qui, lui du moins, n'exagère pas, parle ici comme Cicéron et Tacite, et nous donne, en un seul mot, le thème brillant qu'ont développé les deux plus grands écrivains de Rome. S'il est des pays où l'éloquence, où celle de l'art oratoire en particulier ait été, du moins à certaines époques, un fait assez commun pour que le peuple ait pu le bien comprendre et le bien nommer, c'est assurément la Grèce et Rome. Or, à Rome, le peuple vit sur ce point plus et mieux peut-être que les gens de l'art. Ceux-ci, se préoccupant encore mal à propos d'étymologie, virent particulièrement l'éloquence dans la troisième des opérations par lesquelles l'œuvre oratoire doit passer, et qu'ils appelèrent, comme l'on sait, l'élocution. La vue de Cicéron même s'est ici parfois troublée ; et il ne faut point en être surpris. Cicéron était fier, et il avait droit de l'être, des progrès immenses que la prose latine avait faits entre ses mains. Partout, il est très visiblement préoccupé de ce qu'il nomme quelque part *le style artiste* [2]. Partout, et là même est, si l'on y fait bien attention, la clef de ses beaux traités oratoires (47), partout, disons-nous, sur l'homme disert, sur l'homme de métier que suffisent à former la pratique et les rhétoriques vulgaires, vous le voyez chercher à greffer l'homme éloquent, en d'autres termes, l'artiste que n'avait point vu Marc-Antoine.

Mais enfin, comme nous l'avons dit, le peuple eut ici la

---

[1] Évangile selon St. Luc, Chap. xxiv, verset 32.
[2] Artifex, ut itâ dicam, stylus, *Brutus*, cap. xxv, § 96.

vue plus ferme et plus sûre que les gens de l'art et que Cicéron lui-même. C'était dans l'élocution que ceux-ci avaient particulièrement vu l'éloquence et l'orateur (48); il les vit lui, de préférence, dans l'opération finale qu'il ne nomma point comme les Grecs; déclamation, jeu scénique, ὑπόκρισις, mais du nom plus juste et plus sérieux d'*action*. Ce fut sa poésie à lui, poésie sévère, rude et sérieuse, dans laquelle il aimait à retrouver l'image de la guerre. Les rhéteurs, et cela leur est arrivé souvent, s'étaient arrêtés trop complaisamment à la forme. Du premier coup d'œil le peuple sut aller au fond. Ils avaient écouté parler l'homme éloquent et l'avaient appelé *orator*; lui, le vit agir et il lui donna le nom d'*actor*.

Veut-on savoir maintenant ce que les Grecs virent dans l'éloquence, et ce qu'à leurs yeux était l'orateur? C'était l'homme fort en même temps qu'habile, δεινὸς, l'homme puissant et redoutable. Et comme s'il avait craint que nous ne pussions nous tromper sur la valeur et l'étendue de ce terme, Hermogène, au plus beau de ses traités, prend la peine de nous en fixer lui-même le sens d'une manière nette et précise. Pour lui, la force, la puissance, δεινότης, ne réside exclusivement en aucun genre d'éloquence, parce qu'elle réside ou peut résider en tous. L'homme, que sa langue appelle fort, n'est point seulement, comme quelques-uns le pensaient, l'orateur savant et adroit, non plus que l'orateur pompeux et sublime, ou l'orateur véhément et pathétique; c'est celui qui varie ses moyens d'action selon le but qu'il s'agit d'atteindre [1]; et pour nous servir des termes de Marmontel [2] qui, s'il ne connaissait pas le jeune et docte rhéteur de Tarse, l'a sur ce point fort exactement deviné, c'est l'habile mécanicien qui ménage et économise les forces dont il pourrait disposer, et sait à la *résistance à vaincre proportionner la puissance et le levier*.

[1] Περὶ ἰδεων, liv. 2, chap. ix, περὶ δεῖνοτητος. Tout ce chapitre assez long est éminemment curieux et instructif.

[2] Article *éloquence*, passage déjà cité, p. 79.

Ou nous nous trompons, ou cette coïncidence de notre définition, d'une part, avec des idées si hautes, et de l'autre, avec des impressions si vraies, coïncidence qui ne saurait être fortuite, prouve beaucoup en sa faveur. Il en est encore de même de la clarté avec laquelle apparaît sous notre définition la nature intime et le principe même de l'éloquence. Puisque c'est une action, quel peut être son principe, si ce n'est ce que les Grecs nommaient si bien δεινότης, c'est-à-dire la force et l'énergie même de nos facultés, doublée et surexcitée par ce besoin d'expansion qui fait de l'homme un être social. Si nous ne sentions qu'ici plus qu'ailleurs peut-être il faut renoncer à la prétention de tout dire, le thème le plus magnifique que l'on puisse avoir à développer s'offrait de lui-même à notre plume. Nous aurions pu, remontant au sommet d'où l'on nous a vu graduellement descendre, dans l'éloquence conçue sous cette haute notion de la force de la pensée, montrer tantôt l'alliée et tantôt l'antagoniste de la force matérielle et du pouvoir politique. Nous nous expliquerions alors comment Platon put fièrement écrire au tyran Denys que ces deux forces étaient faites pour s'unir, et que par un instinct naturel, on les verrait toujours se poursuivre et chercher à s'embrasser [1]. Alors aussi dans ce vers fameux où Cicéron demandait que les armes s'abaissassent devant la toge, et les faisceaux des triomphateurs devant l'éloquence (49), on ne verrait plus, comme on l'a fait trop souvent, une vanité puérile, mais la conscience que même dans la cité de la force matérielle, le pouvoir de l'intelligence sut garder de sa valeur.

Mais ces considérations nous entraîneraient trop loin de notre sujet; et nous en trouverons tout à l'heure d'autres qui s'y rattachent mieux encore. Remettons avant sous les yeux de nos lecteurs ce que nous avons eu l'intention de prouver.

[1] Πεφύκε ξυνιέναι εἰς ταὐτὸ φρόνησις τε καὶ δυναμὶς μεγὰλὴ· καὶ ταῦτ' ἄλληλ' ἀεῖ διώκει, καὶζητεῖ καὶ ξυγγίνεται · Πλατῶν Διονυσίῳ δευτέρα ἐπιστόλη· presqu'au début.

Conclusions générales.

Partant de la belle analyse que les premiers rhéteurs avaient faite de ce qu'ils nommaient l'éloquence, dans chacun des trois éléments dont elle se compose, nous avons trouvé une action exercée sur quelqu'une de nos facultés. Desserrant le nœud sous lequel ils unissaient d'une manière, à ce qu'il nous a paru, trop forte et trop absolue, ces trois éléments, nous avons cru que, même isolé des deux autres, chacun d'eux suffisait pour constituer l'éloquence. Là est, ou notre seule découverte ou notre seule hérésie, si tant est qu'il y en ait. Examinant alors toutes les définitions qu'aux temps anciens et modernes on avait données de l'éloquence, définitions tirées toujours soit du but qu'on lui supposait à atteindre, soit du moyen par lequel on pensait qu'il pouvait s'atteindre, nous les avons trouvées toutes inexactes et trop étroites. Même la plus belle et la plus vraie, celle de Marmontel, nous a paru dans ce cas; et nous n'avons pu l'adopter qu'en la modifiant assez pour nous permettre peut-être d'oser la revendiquer. Élargir indéfiniment la notion de l'éloquence, montrer qu'elle n'a point d'autres limites que celles où s'arrête la pensée: tel est l'objet de la première partie de notre travail.

L'art oratoire et la rhétorique se perdaient dans cet empire sans limites. Il nous a fallu les retrouver. Pour cela, nous avons établi une distinction dont, comme on l'a vu, l'idée première nous vient d'Aristote. L'action, considérée indépendamment du but qu'elle peut avoir, est devenue pour nous la première et la plus vaste sphère de l'éloquence, celle des arts, de la poésie, de la conversation, de la littérature, des sciences et des livres.

L'action subordonnée à un but direct, positif, prochain, immédiat, est devenue pour nous l'autre sphère, celle de l'art oratoire proprement dit; et, dans cette sphère bien moins vaste, mais qui l'était pourtant beaucoup trop encore, nous avons montré que la rhétorique avait dû s'attacher exclusivement d'abord au discours proprement dit, au discours public; puis, dans le discours public, au genre qu'Aristote nomme agonistique; puis enfin, dans l'agonistique, au genre judiciaire.

Voilà la seconde partie de notre travail.

C'est sur ces deux points que nous appellerons l'attention de nos juges; car tout le reste est incident et subordonné; tout, même la critique de la division des trois genres à laquelle nous attachons pourtant une sorte d'importance. Avons-nous bien fait, d'une part, d'élargir autant qu'elle pouvait être élargie la notion de l'éloquence, et, de l'autre, de resserrer au contraire la rhétorique, et de l'amener à n'occuper plus qu'un seul point, le barreau? Voilà toute la question.

Par ces deux opérations inverses, mais faites sciemment en vue du même but et de la même conclusion, sommes-nous parvenus à saisir cette éloquence qu'un critique émi-nent, déjà bien souvent cité[1], déclarait encore naguère *multiple* et *insaisissable*, et dont La Bruyère[2] avait dit, avec tant d'esprit et de raison : « Elle est rarement où on la cherche, « et quelquefois elle est où on ne la cherche pas. »

Par ces deux opérations sommes-nous, d'un autre côté, parvenus à expliquer la fortune de la théorie que des Grecs inventèrent, il y a vingt-quatre siècles, en Sicile? c'est ce que nos juges et le petit nombre de nos lecteurs décide-ront; nous avons du moins la conscience de n'avoir rien négligé pour y parvenir; il n'est point de source où, comme on l'a vu, nous n'ayons largement puisé[3]. Heureux si l'on pouvait nous appliquer un mot de l'écrivain que nous ci-tions tout à l'heure, et nous dire que le choix des pensées est invention.

---

[1] M. Villemain.

[2] Premier Chapitre des ouvrages de l'Esprit.

[3] Il est pourtant deux livres que nous regrettons de n'avoir pu du moins parcourir. Ils portent tous les deux le même titre : *Philosophie de l'éloquence*. L'un est d'un certain Astore, avocat et littérateur napolitain : il a paru à Naples, en 1783. L'autre est de l'Espagnol Capmany, et a été publié à Gérone, en 1822.

Peut-être maintenant nous permettra-t-on d'exposer, en finissant, une ou deux considérations qui ont quelquefois soutenu notre patience durant les longues années où nous sommes restés en quelque sorte cloués sur les premières pages de la rhétorique.

Dans son plaidoyer contre Ctésiphon, Eschine avait fait tous ses efforts pour mettre les Athéniens en garde contre la séduction de la voix de Démosthène ; il l'avait représenté comme une sorte de magicien. « Cet homme, avait-il dit, « pleure plus facilement que d'autres ne rient. » Veut-on savoir comment Démosthène détourne l'odieux qu'on vient de chercher à répandre sur son talent, et réhabilite la force qui va lui donner la victoire ? Écoutons : « Pour ce qui est « de mon éloquence, dit-il, à supposer que j'en aie, vous « êtes, vous auditeurs, presque complétement maîtres de « la donner ou bien de l'ôter à ceux qui vous parlent ; et « chacun de nous ne développe devant vous de savoir et de « talent qu'à proportion du bon accueil que vous lui faites, « et de la bienveillance que vous lui montrez. [1] » Au dernier siècle, un homme qui venait de débuter à cette tribune des salons de la capitale, dont nous avons eu l'occasion de parler, disait à son introducteur qui le félicitait d'un succès qu'il avait eu l'art de lui ménager [2] : « Ce n'est point à moi, « c'est à vous que revient et le mérite et la gloire ; je ne suis « qu'une flûte dont vous avez su jouer. » Sans qu'il s'en doutât, cet homme, ainsi qu'on le voit, traduisait Démosthène et Cicéron.

(1) Καὶ τοῖ ἔγογε ὁρῶ τῆς τῶν λεγοντῶν δυνάμεως τοὺς ἀκούοντας, τὸ πλεῖςτον μέρος χυρίους ὄντας · ὡς γὰρ ἂν ὑμεῖς ἀποδέξησθε, καὶ πρὸς ἕχαστον ἔχητ' εὐνοίας, οὕτως ὁ λέγων ἔδοξε φρονεῖν. *Discours pour Ctésiphon*, p. 101, de l'édition classique de J.-B. Gail.

[2] Cette anecdote, dans laquelle les noms nous échappent, est fort bien contée, si nous ne nous trompons pas, dans les notes du poème de Delille sur la conversation.

Ne prenons point ces mots à la lettre: nous y trouverions, à certains égards, le renversement de toute notre théorie. Ici, en effet, les rôles s'intervertiraient complétement. Ce serait l'auditoire qui agirait, ce serait la foule qui serait l'artiste; et, quant à l'orateur lui-même, à l'artiste, il ne serait plus que l'instrument, que la lyre ou que la flûte (50). Il y a toutefois dans ces mots quelque chose de plus qu'un adroit et spirituel compliment ou qu'une précaution oratoire. Cherchons bien, et nous y trouverons une observation profonde qui nous a paru consolante et pour la foule, et pour les théoriciens ou les rhéteurs, qui, en fait d'éloquence, restent si souvent dans la foule.

Nous y trouverons que l'éloquence n'est pas tout entière en celui qui parle, qu'elle est aussi jusqu'à un certain point dans ceux qui écoutent; que dans l'action de la pensée, la passivité même est active, si l'on veut nous passer cette apparente contradiction de terme, ou, ce qui revient au même, que, d'effet qu'elle était d'abord, elle ne tarde pas à devenir cause.

Pour reprendre une dernière fois la belle comparaison de Cicéron, que nous avons bien souvent citée, mais à laquelle aussi nous devions tout l'ensemble de notre système; brisez ou seulement détendez les cordes de la lyre que le musicien tient entre ses mains, et vous frappez tout aussitôt son talent d'une complète impuissance. Placez un chanteur habile dans un lieu sourd où sa voix ne puisse revenir à son oreille, et tout aussitôt ses chants expireront sur ses lèvres. Voilà ce qu'infailliblement aussi produirait sur l'orateur un auditoire aux facultés inertes et paresseuses, un auditoire sans écho; il paralyserait tout aussitôt le talent, tandis qu'un auditoire enthousiaste saura l'exalter à sa plus haute puissance et en tirer de véritables miracles. Ce que nous disons de l'art oratoire peut se dire aussi de tous les arts. Ce don merveilleux d'agir qui leur est commun à tous ne se peut développer remarquablement que là où il trouve dans l'action qu'il opère, de nouveaux, d'incessants motifs

« action. La lyre sublime dont ils sont, nous l'avons dit, les notes ou les tons divers, ne vibre et résonne que là où est dans les âmes un écho qui la répercute, un écho pensant et vivant. Et voilà précisément pourquoi les sciences, les arts et les lettres, honorent si fort les lieux et les temps qui les ont vus s'épanouir; voilà pourquoi le peuple, chez lequel vous trouverez une longue succession de grands poètes, de grands artistes, de grands penseurs, peut très justement revendiquer une part dans leur gloire et leur immortalité.

C'est à lui qu'après Dieu ils en sont, dans un sens très vrai, redevables. Nulle part ailleurs peut-être, ils ne l'auraient obtenue; nulle part ailleurs ils n'auraient aussi complétement développé les merveilleuses facultés dont les avait doués la nature. Si la Grèce n'avait point eu là ses Aœdes ou ses Rhapsodes prêts à répéter incessamment les vers de son grand poète, la Grèce n'eût point eu d'Homère. Si, à ses jeux olympiques, elle n'eût point applaudi son Hérodote, elle n'aurait point eu de Thucydide. Si les Athéniens n'avaient point un jour applaudi Callistrate, orateur assez médiocre peut-être, l'enfant qui, comme nous l'avons vu, l'écoutait perdu dans la foule, n'eût point senti combien il était doux et glorieux de régner sur eux par la parole : il n'eût point opiniâtrément lutté contre les vices de son organisation, il n'eût point mis de cailloux dans sa bouche et ne serait point allé réciter des tirades poétiques sur le rivage de la mer ; il ne se fût point non plus condamné lui-même à de longues réclusions, et ses adversaires n'auraient point dit de ses harangues, qu'elles sentaient l'huile : Athènes en un mot n'aurait jamais eu de Démosthène.

Si ces mêmes Athéniens n'avaient pas eu pour le théâtre cette passion que tout le monde connaît ; si le mot qui désignait les dépenses à faire pour les jeux scéniques, n'avait pas, par une extension où cette passion se montre d'une manière si naïve, reçu dans leur langue le sens général d'une dépense quelconque (51) ; si de nombreux et longs fragments des pièces qu'ils avaient vu jouer n'étaient pas restés dans leur mémoire, comme le prouve la touchante histoire des soldats de Nicias, captifs en Sicile, l'art dramatique n'eût point pris chez eux un si vigoureux essor ; ils n'auraient point eu dans Eschyle, Sophocle, Euripide, Aristophane et Ménandre, une succession presque continue de talents du premier ordre, succession que la France seule devait un jour reproduire. « O Athéniens, s'écriait, dit-on, un jour Alexandre, que de mal je me donne pour vous plaire et pour obtenir vos applaudissements et vos éloges. » Le génie, disons-le, est partout de l'humeur même d'Alexandre (52); et pour le soutenir et l'animer, il lui faut en perspective une Athènes. Or, Athènes n'est point partout et ne se forme ordinairement ni tout de suite ni toute seule.

Ici se relève un peu, bien que d'une manière indirecte, le rôle trop déprécié quelquefois des théoriciens ou des rhéteurs. Quand il serait vrai comme on l'a prétendu, qu'aucun d'eux n'eût jamais été véritablement éloquent ; que mal prise ou poussée trop loin, l'étude de leur théorie fût, comme l'un d'eux eut le courage de le dire, plutôt nuisible qu'utile (53); quand leur enseignement n'eut jamais exercé la moindre influence sur le talent qui était encore à développer ou à naître, le talent lui-même leur devrait pourtant encore quelque chose. Et ce ne serait pas seulement celui qui n'est plus, celui dont leurs livres nous offrent de précieux, d'utiles commentaires ; ce serait aussi celui-là même dont nous parlions tout à l'heure, celui qui serait encore à développer ou à naître, qui leur serait redevable, parce qu'ils lui préparent des connaisseurs plus intelligents et de meilleurs juges. Que la rhétorique n'ait, si l'on veut, jamais formé d'orateurs, on ne saurait du moins lui refuser la gloire d'avoir su partout former l'auditeur. Eh bien, si minime qu'elle soit, cette gloire lui suffit pour se relever fièrement en face du génie lui-même, s'il était envers elle ingrat et injuste; car, et nous venons de le voir, l'intelligence, le goût, l'âme de l'auditeur, sont pour quelque chose dans l'œuvre oratoire, comme dans les œuvres de cette élo-quence que nous avons nommée générale. Qu'est-ce donc que le rôle du rhéteur? Celui d'interprète ou de truche-ment du génie. Le rhéteur se place entre l'orateur et la foule, bien plus près sans doute de celle-ci que de celui-là; mais quand il ne ferait qu'initier d'avance la foule à quel-ques-uns des secrets de la noble langue qu'on va lui parler, son rôle serait encore assez beau. Aussi voyons-nous que là où sont, là du moins où ont été, et les orateurs et l'é-loquence, là surtout abondent les rhéteurs. Nous l'avons en commençant dit et prouvé pour l'antiquité; nous le dirons, en finissant, pour la France. Nous avons peu de poétiques et moins encore d'esthétiques, mais dans aucune langue moderne on n'a plus écrit, ajoutons même, on n'a généralement mieux écrit que dans la nôtre, sur le grand art de l'antiquité, sur la rhétorique. Et ceci n'est point étonnant, ou plutôt ceci devait être. Des deux sphères de l'éloquence, celle où l'action a un but déterminé, im-médiat, celle à laquelle s'adapte la rhétorique, est celle que nous préférons, celle dans laquelle l'esprit français se meut plus à l'aise. Même en l'autre sphère, par une sorte d'instinct qui nous est propre, nous cherchons et savons toujours trouver un but autre qu'esthétique ou spéculatif.

De la thèse nous descendons promptement à l'hypothèse : en les approchant de notre cœur, nous passionnons les ques-tions les plus générales et les plus abstraites, ainsi que le voulait Marmontel[1]; et pour prendre à cet ingénieux écrivain une dernière et belle image [2]: *l'épervier qui s'élève jusqu'aux nues, mais pour fondre plus rapidement sur sa proie,* ce n'est pas seulement l'éloquence, c'est aussi l'esprit Français. Pour d'autres, l'art et la science sont un monde à part; nous les faisons nous, au besoin, entrer de force dans la vie réelle: nous les forçons à conclure et leur demandons avant tout des armes.

[1] *Encyclopédie,* article éloquence.
[2] Ibid. Article, question.

Deux colonnes se dressent majestueusement sur nos places, attestant l'une et l'autre nos triomphes : l'une ceux du peuple, l'autre ceux de ses armées. Si pour compléter notre gloire et former une grande et sublime trilogie, une troisième colonne s'élevait un jour, attestant des triomphes pacifiques, consacrée à la science, aux lettres, à l'art de la France, le mot action pourrait s'écrire au pied de ces trois colonnes, et montrerait sous des formes plus corrélatives encore que diverses, l'identité de l'esprit Français. Il est, nous dit-on, quelquefois des peuples plus penseurs, plus poètes, plus artistes. C'est là, nous le croyons, une thèse bien difficile à prouver. Mais peut-être sommes-nous assez riches, pour être impunément plus que généreux. Car lors même que sans y être contraints, nous ferions à l'étranger des concessions aussi fortes, une grande supériorité nous resterait toujours incontestable et incontestée : celle d'être bien plus éminemment orateurs.

Oui, nous sommes le peuple fort, dans le sens que disaient les Grecs, le peuple puissant en paroles aussi bien qu'en œuvres, disons mieux, le peuple dont toutes les paroles sont des actes. En nous résident au plus haut degré les deux principes essentiels de toute éloquence : l'énergie des facultés et l'instinctif, l'irrésistible besoin d'expansion ; celui-ci surtout, le dernier dans l'ordre du temps, mais le premier pour sa force et son efficacité. Aussi depuis que notre langue est fixée, l'art oratoire ne peut-il chez nous, ni finir ni presque se reposer ; et la rhétorique n'a jamais été ce qu'elle fut si longtemps en Grèce et à Rome, la théorie d'un art qui semblait perdu. Si elle vient se placer à la suite d'une action qui finit, elle est sûre d'en voir bientôt commencer une autre. Depuis plus de deux siècles enfin, notre langue, c'est un fait que tous reconnaissent, est la première des tribunes du monde (54).

Que d'autres soient donc, s'ils le veulent, les peuples de l'érudition, de la critique, de l'ontologie, de l'art même

et de la poésie : nous, resterons, nous, et notre part est
encore la meilleure et la plus belle, nous resterons le peuple de la prose, de l'art oratoire et de la rhétorique, parce
que nous sommes avant tout le peuple de la logique, du
bon sens, de l'esprit pratique, en un mot le peuple de
l'action. Voilà ce qu'a fait de nous la nature, ce que vit
toujours en nous l'étranger; ce que l'antiquité semble
même avoir aperçu dans nos ancêtres (55).

Si le plus spirituel des sophistes de l'antiquité n'a point
trop largement usé des priviléges de sa profession, si nos
pères honoraient véritablement Hercule sous l'image que
Lucien se plaît à décrire [1]; ce Dieu de la bouche duquel
partent des chaînes d'or qui vont s'attacher aux oreilles
d'une multitude ravie, n'était pas seulement l'ingénieux
emblême du pouvoir de l'éloquence ; c'était aussi le symbole du Gaulois; mais c'était surtout le type prophétique
du peuple français, de ce peuple aux lèvres duquel le
monde devait rester suspendu.

[1] Προςλαλιὰ ἢ Ἡρακλης au tome 3 p. 392, de l'édit. stéréotype
de Tauchnitz.

Vu et lu,

A Paris, en Sorbonne, le 8 juillet 1840,

Par le doyen de la Faculté des lettres de Paris,

J.-Vict. LECLERC.

Permis d'imprimer,

L'Inspecteur général des études, chargé de l'administration
de l'académie de Paris,

ROUSSELLE.

*Cette thèse sera soutenue par François-Adolphe Dubourg,
Licencié ès lettres, Agrégé des classes de grammaire et des
classes des lettres.*

Le   Août 1840.

NOTES.

(1) Ad artis *Rhetoricæ* culturam quod attinet, Aristotelis ergà Rhetores sui temporis æmulatio, atque Ciceronis studium acre et vehemens illi nobilitandæ totis viribus incumbens, cùm longo usu conjunctum, in caussâ fuerunt. ut in libris suis de hâc arte conscriptis, se ipsos vicerint.

De augmentis et dignitate scientiarum (lib. VI, cap. III).

(2) Vedi 'l maèstro di color che sanno.
Inferno ; canto IV, vers 130.

Platon, Bacon, Descartes, Leibnitz, tous ces hommes à tête encyclopédique méritent le titre dont Dante honore Aristote ; comme Dante mérite lui-même, ainsi que Shakespeare, le titre de poëte souverain qu'il décerne un peu plus haut à Homère.

Quegli è Omero poeta sovrano. (Ibid, vers 88.)

(3) Ce jugement de Longin, dans lequel on a cru reconnaître la conclusion du discours sur le sublime, se trouve sur un précieux manuscrit des Évangiles, dans la bibliothèque du Vatican. Ruhnken, dans ses notes sur Rutilius Lupus, en a vivement contesté l'authenticité ; et ce n'est qu'à grand peine que dans ses notes sur Longin (p. 250 de la deuxième édition de Toup, Oxford, 1778), ce savant hollandais résiste à la tentation de nier aussi avec Fr. Portus l'authenticité du passage de Longin sur Moïse. La critique protestante est au fond étrange, avec ses continuelles appréhensions de supposition sur tout ce qui est favorable au Christianisme. Nous ne soutiendrons point, d'une manière absolue, l'authenticité des lignes que le manuscrit du Vatican présente comme de Longin ; mais, franchement, nous y croyons tout autant qu'à celle du passage où il est question de Moïse. Du reste, la supposition, si tant est qu'il y en ait, serait aujourd'hui, disons-le, bien autrement avantageuse à Longin, qu'à Moïse ou à Paul de Tarse. Bien que nié par le docte évêque d'Avranche,

7

le sublime du mot de Moïse sur la création est visible comme le soleil ; et quant à l'éloquence de S. Paul qui, elle aussi, n'est guère moins visible ; elle a été assez louée par deux hommes fort éloquents, S. Jean Chrysostome et S. Augustin, pour se pou voir passer de l'approbation de Longin. Fénélon aussi lui ren hommage (3me dialogue sur l'éloquence), mais avec des restri tions que nous comprendrions bien mieux dans S. Jean Chryso tome, S. Grégoire de Nazianze ou S. Bazile, que dans l'illust Archevêque de Cambrai. Sans doute, il doit y avoir des hébraïs mes dans le style de S. Paul, comme dans toute la grécité du Nou veau Testament. Mais avons-nous bien, nous modernes, une con naissance assez étendue et assez profonde de toutes les phases pa lesquelles, selon les lieux et les temps, a passé le grec parlé, pou affirmer qu'à telle époque, tel ou tel tour était bien positivemen barbare? C'est ce dont on peut douter. Un philologue allemand d quelque savoir, un éditeur de Thucydide, trouvait naguère encor entre le style de S. Paul et celui du grand historien, une certain analogie. Nous pensons donc que Félnéon a peut-être pris trop à la lettre l'*imperitus sermone sed non scientiâ*, dont il croit pou voir appuyer son opinion. Plusieurs traits et des actes des Apôtres, et des épîtres prouvent que S. Paul n'était point sans quelque tein ture des lettres grecques.

(4) C'est le 1er historien de l'Arménie : dans la collection de ses œuvres est une rhétorique en dix livres, dont une édition a été donnée à Venise en 1798, par l'Arménien Zohrab. On y trouve dans les exercices ou Progymnasmes l'argument des Peliades, tragédie perdue d'Euripide ; ce petit fragment d'antiquité a été publié dans la chronique d'Eusèbe complétée, à l'aide des tra ductions *arméniennes*, par Zohrab et le docte Angelo Mai.

(5) Ce mot arabe veut dire, selon d'Herbelot, assemblée, con versations, lieux communs et pièces d'éloquence. Voir ce mot dans la bibliothèque orientale, ainsi que ceux de Hariri et de Hamadani : ces deux sophistes ou rhéteurs arabes vivaient, le dernier, vers la fin du 4me siècle de l'hégire, et l'autre un demi-siècle plus tard. Une foule de traités didactiques sur la rhétori que ont été écrits en arabe, et il s'en trouve, dit-on, un bon

nombre dans les bibliothèques de l'Espagne. Nos indianistes qui trouvent l'origine de tout au bord du Gange et dans le sanscrit, ne nous ont point encore appris qu'ils y aient trouvé la rhétorique. Ils feront bien, je crois, de laisser du moins cet art à la Grèce qui aura peut-être un jour bien des choses à leur réclamer.

(6) Boëce traduisit les topiques d'Aristote, et commenta longuement ceux de Cicéron. Parmi les petits abrégés scientifiques que Cassiodore composa dans sa retraite, il en est un sur la rhétorique. Les vingt - un premiers chapitres du second livre des origines d'Isidore de Séville sont également consacrés à cet art. Beda écrivit, sur les tropes et figures qu'on trouve dans les livres saints, un petit traité compris dans les collections des *rhetores minores*; enfin dans les œuvres d'Alcuin, comme aussi dans les collections que nous venons de citer, on trouve un dialogue sur la rhétorique, dont les deux interlocuteurs, l'un le maître et l'autre le disciple, ne sont rien moins qu'Alcuin lui-même et que Charlemagne. Du reste, bien antérieurement à cette époque, les écrivains encyclopédiques ou polygraphes composaient des rhétoriques. Ainsi, sous le titre de *studiosi*, Pline l'ancien en avait écrit une en trois livres, mais si volumineuse qu'on l'avait divisée en six (lettres de Pline le jeune, liv. III, épître 5). Ainsi encore, Cornelius Celsus en avait également composé une souvent citée et même combattue par Quintilien. Enfin dans les noces de la Philologie et de Mercure, Marcianus Capella introduit la rhétorique en personne et lui fait faire un cours en règle devant Jupiter et tous les dieux.

(7) Au début de sa première Olynthienne, Demosthène, réclamant l'attention des Athéniens, s'exprime ainsi : « Non seulement, « si quelqu'un vient, dans le fruit de ses méditations, vous apporter « quelque chose d'utile, vous en pourrez profiter, si vous l'écou- « tez : mais je juge encore assez bien de votre bonheur, pour croire « qu'une foule d'idées opportunes se présenteront sur-le-champ « à l'esprit de quelques-uns d'entre vous. » Comme la dialectique savante ou l'induction socratique, la dialectique oratoire est donc aussi, du moins à certains degrés, l'art de faire accoucher les esprits. C'est apparemment ce que comprenait Proclus lorsque, dans son hymne aux Muses, il donnait aux livres l'ingénieuse

épithète de provocateurs de la pensée, ou de stimulants des esprits. (Ἐγερσινόων ἀπὸ βίβλων). Tous les bons livres ont ce caractère : si l'on est capable de les comprendre, on y trouve bien des choses qui n'y sont point matériellement renfermées ; et c'est pour cela que l'on y revient toujours, et qu'un livre qu'on ne lit qu'une fois ne méritait point d'être lu.

(8) Dans la 5ᵐᵉ scène du 3ᵐᵉ acte des *Femmes savantes* où, avant de s'injurier, Trissotin et Vadius s'accablent d'éloges et de compliments, Trissotin ayant dit :

Vous avez le tour libre et le beau choix des mots
Vadius réplique :

On voit partout chez vous l'*Ithos* et le *Pathos*.
Le dernier de ces deux termes techniques est resté dans notre langue : l'autre a échappé à cet honneur ou plutôt à cette parodie que nous en avons faite sur la foi de Molière.

(9) Pensées, article iii, *de l'art de persuader*.
Pascal croit, contrairement à l'opinion de Platon dans son Gorgias, qu'il y a des règles aussi sûres pour plaire que pour démontrer, bien qu'il juge impossible, au moins pour lui, d'arriver à les comprendre et les expliquer. « Si quelqu'un en est capa-« ble, ajoute-t-il, ce sont des personnes que je connais ; et aucun « autre n'a sur ce point de si claires et si abondantes lumières. » Il serait curieux de savoir quelles étaient ces personnes. Si c'était par hasard quelques-uns de ses amis de Port-Royal, ils lui auraient après sa mort retourné son compliment. Car il est dit de lui dans la logique, iiiᵉ partie, chap. xx, « qu'il savait autant de « véritable rhétorique que personne en ait jamais su. »

(10) Ce mot de Fénelon a fait une véritable fortune. Maury, dans l'éloge académique de ce grand homme, a très heureusement dit : « Maître de sa pensée, Fénelon la dévoile et la présente sans nuages ; il ne l'exprime pas, il *la peint*. » Rien n'était plus ingénieux que de louer ainsi, d'un seul trait, la pratique et la théorie de l'auteur du Télémaque. Nous oserons dire pourtant que sur ce point, et sur quelques autres, la pratique de Fénelon était supérieure à sa théorie. Nous trouvons dans La Bruyère, chap. 1ᵉʳ :

« Tout l'esprit d'un auteur consiste à bien définir et *bien*
« *peindre* : Moïse, Homère, Platon, Virgile et Horace ne sont
« au dessus des autres écrivains, que par leurs expressions et
« *leurs images.* » Dans son commentaire sur Corneille, Voltaire,
nous dit Fontanier (commentaire sur les tropes de Dumarsais, p.
172), répète presque à satiété que la métaphore, pour être bonne,
doit être toujours une image, qu'elle doit être telle qu'un peintre
pût la représenter au pinceau ; et le docteur Blair en dit à peu
près autant. » De nos jours, où, comme l'on sait, tout se déna-
ture en s'exagérant, *peindre* ne suffit plus ; il faut *sculpter* : et l'on
sait des écrivains dont la critique courante, qui est en général une
pauvre critique, a fait maintes fois de véritables sculpteurs. L'erreur, bien visible dans cette exagération, n'était-elle point aussi, à
quelque degré, dans le principe même d'où l'exagération est sortie ? Nous ne pouvons guère, nous l'avouerons, nous empêcher de
le croire. L'œil étant, comme l'a dit Platon, le plus actif, ou si
l'on veut même, le plus intelligent de tous nos organes, c'est à
lui, sans doute, qu'il faut le plus souvent s'adresser. Mais s'en-
suit-il qu'il ne faille jamais s'adresser qu'à lui ? Sans doute, si
dans toutes les langues on faisait le calcul des termes métapho-
riques, on trouverait que la vue en a fourni peut-être, elle seule,
autant ou plus que tous nos autres sens à la fois. Mais on trouverait aussi qu'il n'est pourtant aucun sens, qui n'ait sur ce
point apporté son contingent. Ainsi, par exemple, le toucher a ses
métaphores. Nous disons *du tact* pour de l'adresse et de l'habi-
leté ; un caractère *souple*, un homme *poli*, une affaire *épineuse*,
un cœur *endurci*, etc., etc. Le goût a les siennes : car ce mot lui-
même désigne la faculté qui nous fait sentir et juger les beautés
de la nature, et celles des lettres et des arts ; et nous disons une
amère douleur, etc. Il en est de même, premièrement de l'ouïe :
nous disons *entendre* pour comprendre, l'*entendement* humain
pour l'intelligence humaine ; être *sourd* à la pitié , etc. etc. ;
secondement de l'odorat : les Latins disaient *odor* urbanitatis ; et
nous traduisons un *parfum* d'urbanité ; les auteurs ascétiques
ont dit, la bonne *odeur* de la vertu, etc. Il en est de même enfin
du sens interne que reconnaissent, avec raison, les physiologistes
et les médecins ; il a aussi ses métaphores. Nous disons la *fièvre*

des passions, l'*ivresse* du plaisir, la *soif* de l'or, etc.; etc. La Bruyère a dit heureusement : il n'y a rien qui *rafraîchisse* le sang comme d'avoir su éviter une sottise : et l'éloquent et pieux auteur de l'*Imitation* avait dit avant lui : *bona vita refrigerat mentem.* La *théorie* que nous développons ici, s'était présentée à l'esprit de Cicéron. De oratore, lib. III, chap. XL, § 160, 161. Essayez maintenant soit de peindre, soit de sculpter toutes ces métaphores et tant d'autres qu'on pourrait citer. Fontanier l'a très bien compris. « Comment, dit-il, les idées relatives aux autres sens pourraient-» elles être des images, puisqu'on ne saurait y reconnaître ni cou-» leur ni figure. » Il **y a plus :** ce serait se tromper encore que de croire que les métaphores, empruntées au sens de la vue, sont toujours susceptibles d'être reproduites par quelqu'un des arts du dessin. Les images les plus gracieuses comme les plus gran-dioses périraient souvent, ou deviendraient ridicules en passant du livre sur la toile. Horace a dit : *Spatio brevi spem longam reseces :* et Voltaire :

> Quelquefois un peu de verdure,
> Rit sous les glaçons de nos champs.

Faites donc des tableaux avec ces images ravissantes ; ou bien encore peignez la renommée, soit d'après les portraits qu'en ont faits Homère et Virgile, soit d'après l'étrange et burlesque cari-cature que Voltaire en a donnée. L'impossibilité, comme l'on voit, éclate de toutes parts ; et ce que Voltaire et Blair ont pris pour la règle est précisément l'exception. On voit aussi que ce n'est pas seulement comme peintres, que les poètes et les grands pro-sateurs sont artistes. M. Villemain a dit quelque part: « Il ne » faut pas croire que la poésie doive toujours employer les ima-» ges ; elle consiste souvent à se servir du mot le plus simple : » car elle est bien plus encore une âme qu'un langage ou qu'un » tableau. » Rien n'est mieux senti ni plus juste que ce mot, dont tous nos jeunes écrivains devraient bien se souvenir. Car ce n'est pas seulement notre poésie, c'est aussi notre belle prose qui étouffe depuis long-temps sous l'enluminure ou le luxe des images; et, pour l'achever, il n'était besoin ni du bas-relief, ni de la sta-tuaire.

(11) Au point de vue de nos anciennes mœurs, nous avions flétri le nom de démagogue : au point de vue de nos mœurs nouvelles, nous avons également flétri celui de courtisan. Et dans les deux cas, nous avons eu tort. C'est livrer aux méchants, et les peuples et les rois, que de condamner, au nom de l'honneur et de la morale, l'art de leur plaire, et de s'en faire écouter. Il faut au contraire honorer cet art, pour que les âmes nobles et les gens de bien le cultivent. Il faut dire hautement, ce qui est vrai, que tous les démagogues ne furent point des ambitieux égoïstes, ni tous les courtisans, de lâches flatteurs. Qui ne s'est quelquefois, dans notre Musée, arrêté devant ce portrait du comte Baldassar Castiglione, que nous devons au pinceau de Raphaël? C'est celui d'un courtisan, qui nous a même laissé une curieuse et piquante théorie de l'art qu'il avait si long-temps pratiqué. Voyez pourtant si, sur cette tête si belle et si calme, la fierté, la noblesse et la bonté ne l'emportent pas encore sur l'esprit et la finesse. Lisez ensuite son *cortégiano*, et vous verrez que ce n'est point un lâche flatteur, mais un utile et sincère, disons-le même, un courageux ami de son prince, qu'il se propose de former.

(12) Je voudrais de bon cœur voir le livre italien dont je ne connais que le titre, qui vaut lui seul bien des livres. *Dell' opinione regina del mondo.* Pascal, *pensées* 1ᵉ *partie, article VI.* Au dire du savant Denina, (Voir sa bibliopéa : 1 vol. in-8°, Turin, 1776); ce titre, qui *vaut bien des livres*, pourrait bien être tout ce qui aurait jamais existé de celui-ci ; car il ajoute : *forse non si vide mai.* Il en aurait peut-être alors fait composer un véritable intitulé l'*opinione tiranna moralmente considerata negli affari del mondo.* Ce petit livre fut publié à Mondovi en 1690, vingt-huit ans après la mort de Pascal, sous un nom qui ne paraît qu'à demi italien, celui de *Claro Flosi*, et dédié, par ses imprimeurs Vincent et Jean-Baptiste Rossi, au père Paolo Natolini, procureur général des clercs réguliers, consacrés au service des malades. Mais M. Charles Nodier, dont l'autorité est si haute en fait de bibliographie, pense que Denina se trompe, que l'*Opinione Tiranna* est bien le livre dont parle Pascal, et qu'avant la mort de l'auteur des Lettres Provinciales, il avait été

imprimé, soit à Rome, soit dans une autre ville d'Italie. Alors, l'édition de Mondovi ne serait qu'une réimpression faite sans doute, après la mort de l'auteur. Quoi qu'il en soit, l'*Opinione Tiranna* prêche au fond ce scepticisme orthodoxe, vers lequel, ainsi que l'on sait, inclinait Pascal. Si le style en était plus original et plus saillant, on croirait, en le parcourant, lire quelques chapitres de Montaigne. Il ressemble mieux encore, moins pourtant le cynisme, aux dialogues sceptiques, publiés par La Motte Le Vayer, sous le pseudonyme d'Orasius Tubero.

(13) L'épigraphe est remarquable, et montre bien, quoique l'auteur ne s'explique pas sur ce point, d'où venait l'innovation. La voici : certò sciant homines, artes inveniendi solidas et veras adolescere et incrementa sumere cùm *ipsis inventis.* Bacon, *de augmentis scient.*, lib. 5, chap. 3. Ce qui avait augmenté, ce n'était pas l'éloquence elle-même ; l'auteur le dit formellement (introduction, tome I, p. 9-10) ; « il n'en est point des beaux arts, comme des « arts mécaniques : ils ne sont point indéfiniment progressifs, « et ni en poésie, ni en éloquence les Bretons ne surpasseront « jamais les anciens ; il est même très douteux qu'ils les égalent. » Ce qui avait augmenté, c'était donc les applications de l'éloquence. Si nous mettons Campbell le premier en date, c'est qu'il nous avertit dans sa préface que ses recherches sur cette matière remontent à 1750, et qu'il avait même à cette époque écrit les premiers chapitres de son livre. *La philosophie de la rhétorique* a été abrégée pour les écoles en un vol. in-12, imprimé à Londres en 1823. L'auteur de cet abrégé, qui nous a paru bien fait, est un certain A. Jamiéson. Dans ses *éléments de rhétorique*, dont la quatrième édition a paru à Oxford, in-8, en 1832, Richard Wately rend hautement justice à Campbell, et le met bien au-dessus de Blair. Son livre, dit-il (introduction, § 2, p. 12), ne jouit pas d'un aussi haut degré de faveur et de popularité que celui du docteur Blair ; il lui est pourtant incomparablement supérieur, non-seulement pour

la profondeur des pensées, et l'originalité des recherches, mais encore en utilité pratique et pour l'enseignement.

(14) Malgré sa géométrie, D'Alembert affichait, comme l'on sait, de grandes prétentions à la sensibilité, qui était alors si fort à la mode. Il y a toutefois dans l'article dont nous parlons, un certain nombre de vues originales et de traits heureux, qui pourraient bien être des réminiscences des conversations de Diderot. Pour ce qui est du reste de la définition elle même, nous apprenons de M. Ferri qu'elle n'était pas neuve, et avait été déjà proposée par le jésuite Buffier, dans son *traité philosophique et pratique de l'éloquence,* livre que nous regrettons de n'avoir encore pu trouver.

(15) Encyclopédie. — Grammaire et littérature, 1er article. *Éloquence, aux suppléments,* tome 3, p. 661. Cette définition, du reste, n'est point improvisée au hasard ; c'est le fruit des études postérieures du critique : car à son article *éloquence poétique,* tom 1, il abonde, en débutant dans le sens de l'antique définition , de celle qui ne voit dans l'éloquence que la persuasion.

(16) Voir le beau discours du jésuite Guénard sur les caractères de l'esprit philosophique ; pièce couronnée par l'académie française en 1755, et dont La Harpe et Maury font un éloge si juste et si mérité. Les judicieux principes développés sur cette matière, par le père Guénard, avaient été du reste présentés non moins habilement près de cinquante ans avant, en 1708, par J. B. Vico, dans son discours *de nostri temporis studiorum ratione.* Ce discours est un véritable chef-d'œuvre, qui nous paraît supérieur même à la *scienza nuova :* car on y trouve toute l'originalité de l'esprit de l'auteur, sans presque aucun paradoxe. Personne, depuis Bacon, n'avait, d'une vue si ferme et si nette, mesuré l'orbe de la science humaine. Personne même peut-être ne l'a fait depuis, si ce n'est feu M. Ampère.

(16 bis.) Ce n'est pas seulement du reste le poète dramatique, c'est le poète en général que nous reconnaissons dans ces vers d'Horace :

> Ille per extentum funem mihi posse videtur
> Ire poëta meum qui pectus inaniter angit,
> Irritat, mulcet, falsis terroribus implet
> Ut magus :

Épître 1re *du liv.* 2, *vers* 210.

Et nous le reconnaissons mieux encore, nous l'avouerons, à ces traits, qu'à ceux dont Horace le caractérise ailleurs quand il dit :

> Ingenium cui sit ; cui mens divinior atquos
> Magna sonaturum.

(17) Habet enim multitudo vim quamdam talem, ut quemadmodum tibicen sine tibiis canere, sic orator sine multitudine audiente eloquens esse non possit.

De oratore lib. 2. *chap.* 83, 55, 338.

Ici se montre à l'état de germe la belle comparaison que Cicéron devait plus tard développer dans le Brutus.

(18) Neque enim est omnino ars ulla in qua omnia, quæ illa arte effici possunt à doctore tradantur.

De oratore, lib. II, cap. XVI, § 69.

Goëthe a dit de même, mais peut-être en un autre sens : Il n'y a qu'une partie de l'art qui puisse s'enseigner, et l'artiste a besoin de l'art tout entier.

(Wilhem Meister).

. (19) Voir le dialogue sur les orateurs, du chap. xxxvi jusqu'à la fin, notamment ces mots : Non de otiosâ et quietâ re loquimur et quæ probitate et modestiâ gaudeat ; sed est magna ista et notabilis eloquentia alumna licentiæ, etc., etc., chap. 40. Quem enim oratorem lacedæmonium, quem cretensem accepimus ? Quarum civitatum severissima disciplina et severissimæ leges traduntur, etc., chap. 40.

(20) Non opinor Demosthenem orationes inlustrant quas adversus tutores suos composuit, nec Ciceronem magnum oratorem P. Quinctius defensus, aut Licinius Archias faciunt ; Catilina et Milo, et Verres et Antonius hanc illi famam circumdederunt. Ibid. chap. 37; et immédiatement après l'auteur ajoute : sciamus, nos de eâ re loqui, quæ facilius turbidis et inquietis temporibus extiterit.

(21) Aucun orateur, si vous en exceptez Cicéron, n'a créé la prose dont il s'est servi, et ce n'est pas le moins glorieux des titres de Cicéron ; c'est à ce titre que dans ses livres sur l'analogie, César le nommait *princeps, inventor copiæ*, et ajoutait qu'il avait bien mérité du nom et de la dignité du peuple romain. Voir les propres paroles de César, au chap. LXXII, § 253, du Brutus.

(22) Pleræque scribuntur orationes habitæ jam, non ut habeantur. Brutus, chap. XXXIV, § 91; de là l'adage des anciens, aliud est bona actio, aliud bona oratio. Quintilien, institutions liv. XII, chap. X, pag. 754, de l'édition d'Obrecht, ne paraît pas l'approuver ; voici ces paroles : Mihi unum atque idem videtur bene dicere ac bene scribere neque aliud esse oratio scripta quàm monumentum actionis habitæ. Il ne nie point du reste le fait, et s'embrouille quelque peu dans ses raisonnements contre l'adage.

(23) Refert Cornelius Nepos, se præsente, iisdem penè verbis, quibus edita est, eam pro Cornelio seditioso tribuno defensionem peroratam.

Epistola Hieronymi ad Pammachium adversus errores Joannis Hierosolymitani episcopi.

Opus epistolarum, Edition d'Erasme, Lyon 1528, in-8°, tome 2, pag. 176.

On peut du reste douter que la citation que fait saint Jérôme soit fort exacte ; car nous apprenons d'Asconius, dans son argument sur cette cause de Cornelius, que Cicéron après avoir plaidé quatre jours consécutifs cette affaire, réunit ces quatre actions ou plaidoyers en deux discours ; et cette réunion semble impliquer

dans l'un ou l'autre de ces deux discours l'idée de quelques changements. Peut-être le mot de Cornelius Nepos ne s'appliquait-il
qu'à l'un des deux. Quoi qu'il en soit, ces deux discours et le
plaidoyer pour Scaurus sont peut-être les trois morceaux oratoires de Cicéron dont nous devons le plus regretter la perte.
Quintilien (institutions), liv. VIII, chap. III, nous dit, qu'en
plaidant pour le tribun Cornelius, Cicéron combattit avec des
armes qui à la solidité joignaient la magnificence et l'éclat, et
qu'il y fut ouvertement applaudi du peuple romain, comme un
acteur aurait pu l'être au théâtre. Cicéron parle lui-même de
ces discours dans son Orator, chap. xxx, § 108, et l'identité de
cette cause avec celle du tribun Norbanus, plaidée jadis par Marc
Antoine et dont on trouve une si belle analyse au 2me livre du
De oratore, du chap. 47 au chap. 50 inclusivement, permettrait
peut-être de soupçonner que ce fut un peu avec son plaidoyer
que Cicéron fit ainsi l'analyse de celui d'Antoine; car il nous
apprend ailleurs (Brutus, chap. xLIV, § 163), qu'Antoine n'a-
vait rien laissé par écrit que son petit livre sur la rhétorique.

(24) Un abrégé très sommaire de rhétorique, inséré par Gale
dans sa collection des petits rhéteurs grecs publiée à Oxford en
1676, in-8°, sous le titre de Rhetores selecti, abrégé dont nous
savons par M. Boissonnade que l'auteur était un certain Rufus,
dit formellement : Il y a quatre genres oratoires : le judiciaire, le
délibératif, le laudatif (le genre des éloges), et l'historique. C'est
sans doute pour ne pas déranger la division traditionnelle que M.
l'abbé D'andrezell, qui a mis cet abrégé de Rufus en tête de ses
Excerpta, a fait sur ce point un changement au texte, supprimant
le genre historique et substituant le nombre trois à celui de quatre.
tre. Car nous ne pensons pas qu'il ait adopté l'opinion de Gale,
qui dans une note assez étrange (page 250 de son édition) suppose
que son auteur a ici confondu avec les genres d'éloquence, la narration, simple partie du discours, ajoutant que si par hasard le
rhéteur entendait la narration seule et en dehors du discours, il
serait encore dans l'erreur, puisque ce n'est point à l'art oratoire,
mais à l'histoire qu'il faudrait alors la rapporter. La confusion

n'est ici que dans l'esprit de Gale, qui lisait parfois, à ce qu'il
paraît, avec une singulière distraction les textes qu'il éditait; et
cette confusion, Rufus avait tout fait pour la prévenir, en donnant deux définitions bien distinctes des choses que Gale l'accuse
de confondre : « Le genre historique, nous dit-il, est celui dans
lequel on raconte avec un style orné, des événements tels qu'ils se
sont passés, ὡς γεγενημένας. Pour la narration proprement dite, il
dit au contraire conformément à la doctrine de tous les rhéteurs,
que c'est l'exposé des faits contenus dans la cause, présenté sous
un point de vue favorable à la cause.» Voir les textes de ces définitions, p. 198 et 202 de l'édition de Gale.

(25) Il s'agit d'Hermagore de Temnos, qui vivait un siècle
avant l'ère chrétienne, et qu'il ne faut pas confondre avec un
autre Rhéteur du même nom, surnommé le jeune, qui fut disciple
du célèbre Théodore de Gadare, et ne vint qu'au temps d'Auguste.
Voir la docte *Thèse* de M. E. Gros, intitulée *Étude sur l'état de
la Rhétorique chez les Grecs, depuis sa naissance jusqu'à la
prise de Constantinople,* in-8°, 1835, p. 34 et 48. Nous avons
souvent et toujours utilement consulté ce travail consciencieux.
Nous attribuons cette distinction au premier Hermagore sur
la foi de Cicéron, *De inventione*, lib. i, cap. vi, § 8, et de
Quintilien, liv. iii, cap. v. Cicéron la combat assez rudement
au passage que nous venons de citer. Il la combat même encore
au *De oratore*, lib. ii, cap. xix § 78, et cap. xxxi et xxxii;
dans ces deux controverses de Cicéron contre Hermagore, il y
a, il faut le dire, une contradiction flagrante, et de plus quelque
injustice que Cicéron du reste répara depuis, puisqu'il cite et
adopte cette distinction : 1° dans ses *Topiques*, cap. xxi, et
dans son livre des *Partitions*, cap. iii, § 10 et cap. xviii
et xix.

(26) Quidam putant etiam eas posse theses aliquando nominari,
quæ personis causisque contineantur, aliter tantummodò positas.
. . . . hi Thesin à causâ sic distinguunt,
ut illa sit spectativæ partis, hæc activæ ; illic enim veritatis tan-

tùm gratiâ, disputari, hic negotium agi. *Institutiones* liv. III, chap. v, p. 155, et dite d'*Obrecht*. Sulpitius Victor (V. Rhetores minores edit. de Capperonier, abonde complètement en ce sens : Thesis et hypothesis definiri videntur hoc modo. Thesis est res rationalem disputationem recipiens, cujus finis inspectio. Hypothesis res rationalem disputationem recipiens cujus finis actio et judicatio. L'auteur d'un commentaire du livre d'Hermogène sur les états de la cause est encore ici plus explicite : après avoir par une pure subtilité divisé l'éloquence en intérieure et extérieure ενδιάθετος και προφορικός il subdivise la dernière en théorique et pratique, mettant sur le même rang dans la théorique : 1° la thèse, 2° l'éloge, 3° le blâme, et ne gardant pour la pratique, que le délibératif et le judiciaire : άνθυποδιαρεῖται δὲ ὁ θεωρίκος εἰς τρία, εἰς θεσὶν, εἰς ἐγκωμίον καὶ ψογον. Voir tout ce passage fort curieux à la suite du συναγωγὴ τεχνῶν de Léonard Spengel, Stuttgard, 1828, p. 208. Spengel a découvert, dans un manuscrit de Munich, le morceau dont nous parlons, ainsi que l'introduction du *Commentaire de Syrianus*, sur le traité d'Hermogène περὶ ἰδεων. Ces deux fragments méritaient d'être publiés.

(27) C'était la pacification de la Grèce et la guerre contre les Perses : voilà ce que prêche Isocrate et dans le *Panégyrique* et dans son *Discours* à Philippe. Si les lettres que nous trouvons à la suite de ses discours étaient authentiques, ce que nous n'entreprendrons point ici d'examiner, on en pourrait conclure qu'il proposa de pareils plans au Thessalien Jason, à Archidamus, roi de Sparte, et à l'un des deux Denys, sans doute à l'ancien.

(28) C'était une opinion de l'antiquité, attestée par Elien, *Histoires diverses*, liv. XII, chap. x, et par l'auteur *de la Courte préface* ou de l'*Argument du Discours* à Philippe. Thomas, qui comme Fénelon, nous paraît juger trop sévèrement Isocrate, a combattu cette opinion à laquelle il ne faudrait pas, il est vrai, attacher trop d'importance. Voir l'essai sur les éloges, chap. 7.

(29) Plutarque , ou l'auteur, quel qu'il soit, des *Vies des di
Orateurs*, rapporte qu'en mourant, Isocrate récita les trois pre
miers vers de trois Tragédies d'Euripide, vers où se trouve
rappelée l'arrivée en Grèce de l'Égyptien Danaüs, du Phrygien
Pelops et du Phénicien Cadmus. Sur cela , Cesarotti demande si
c'était une formule de prières pour l'autre monde, ou bien un
chant magique pour ressusciter les Athéniens morts à Chéronée ;
et, il ajoute, si Isocrate récita réellement ces vers , il mourut de
délire plutôt que de douleur ou de faim. (V. *Corso di litteratura
Græca*, t. II, le vingt-unième des œuvres de Cesarotti, p. 94).
La plaisanterie nous semble ici de mauvaise grâce : l'anecdote
des trois vers, ne nous paraît rien moins que certaine ; mais elle
a un sens : et Philippe était pour Isocrate ou du moins pour son
biographe le quatrième barbare qui venait dominer dans la Grèce.
L'explication que Cesarotti nous donne ensuite de la mort d'Isocrate ne nous paraît pas meilleure : sans doute, il ne faut pas un
grand choc pour amener la mort d'un vieillard de 99 ans ; et
nous croyons volontiers que la défaite de Chéronée n'avança que
de bien peu la mort d'Isocrate : mais nous ne voyons point,
comme le critique italien, dans les relations qu'Isocrate avait eues
avec Philippe, un motif qui pût porter les gens de sa maison à
inventer une fable sur laquelle on aurait plus tard brodé les ac-
cessoires merveilleux qu'il trouve dans le récit du biographe.

(30) Préface d'une collection classique, intitulée, je crois, le *Con
ciones Français*. Nous devons dire ici que nous n'avons point
lu un Essai sur la critique, par le même auteur, ni un livre qui
a paru il y a quelques mois sous le titre *de la Rhétorique au* 19e
siècle. Si l'on y retrouvait quelques-unes de nos idées, il n'y
faudrait voir qu'une pure et simple coïncidence.

(31) Le nombre des discours attribués à Hypéride s'élevait à
77 ; l'auteur *Des vies des dix Orateurs*, et Photius n'en recon-
naissaient que 52 pour authentiques. On a plusieurs fois sup-
posé que dans la collection des discours de Demosthène, il en
était deux à donner à Hypéride ; le premier est relatif au traité

avec Alexandre, περὶ τῶν πρὸς Ἀλεξανδρον συνθηκῶν; l'autre est
le premier des deux discours contre Aristogiton. Ce sont là de
ces choses qui se peuvent soupçonner, mais jamais prouver. Le
célèbre Messala avait parfaitement traduit, au dire de *Quintilien*, liv. X, chap. V, le curieux discours d'Hypéride, pour la
courtisane Phryné. Mais la traduction s'est perdue comme l'original. Il ne nous reste donc bien authentiquement d'Hypéride, et
c'est à Stobée que nous en devons la conservation, que deux ou
trois pensées fines et délicates, et un trop court fragment de la
belle Oraison funèbre qu'il avait composée et prononcée pour
Léosthène et les Athéniens qui avaient succombé dans la guerre
dite *Lamiaque*, titre 124, § 56, p. 618, de l'édit. de Gesner;
tout le reste est perdu : et cette perte est assez récente. Une co-
pie des discours d'Hypéride survécut près d'un siècle à la
découverte de l'imprimerie : elle périt en 1526, lors de la prise
de Bude, dans l'incendie de la riche bibliothèque, qu'avait à
grand frais amassée Mathias Corvin. C'est un fait qui nous est
attesté par un témoin oculaire, le jurisconsulte Jean-Alexandre
Brassican, premier éditeur de *Salvien*. J'y ai vu, dit-il, et de
mes propres yeux vu, un *Hypéride* complet, avec de très riches
scholies. C'était un livre dont la perte eût mérité d'être rachetée au
prix d'un grand nombre de patrimoines : Vidimus istic, et oculatâ
fide vidimus integrum Hyperidem, librum multis etiam censibus
redimendum. *Préface* ou *Épître dédicatoire*, à l'évêque d'Aus-
bourg, p. 10, de la seconde édition, in-18, donnée en 1575, à Paris,
par Jérôme-Marnef. Brassican ne dit ici rien de trop. Les jugements que portent sur Hypéride Dion Chrysostome, *Dissertation*
xviii, περὶ λόγου ἀσκήσεως et Longin περὶ ὕψους, section xxxiv,
ne justifient que trop ses regrets. Le premier, tout en recon-
naissant la supériorité de Démosthène, croit la lecture d'Eschine, d'Hypéride et de l'orateur Lycurgue plus propre à former le goût. Le second met l'Oraison funèbre, dont nous parlions
tout à l'heure, au-dessus de tout ce que l'art oratoire avait produit en ce genre : il trouve à Hypéride bon nombre de qualités
précieuses qui manquaient à Démosthène; et ce sont précisément
les qualités que Cicéron possède au plus haut degré : la douceur,
la grace, la souplesse, l'art de plaisanter, un peu de penchant

pour les digressions, où peut se montrer l'artiste et pour l'amplification. Si nous ne nous trompons point, Cicéron comme orateur, c'est Eschine et Hypéride fondus ensemble et élevés à une plus haute puissance.

(32) Observons d'abord, à l'égard de ces genres, qu'à l'inverse de l'éloquence du barreau, tandis que celle-ci doit sans cesse descendre du général au particulier, la première doit tendre à s'élever sans cesse du particulier au général, Marmontel *(Encyclopédie, art. éloquence de la chaire).* Cette judicieuse remarque avait, du reste, été déjà faite, par le dominicain espagnol Louis de Grenade : l'avocat, disait-il, s'élève du particulier au général, ce qu'on appelle monter de l'hypothèse à la thèse, parce qu'il veut établir les faits sur des maximes ; le prédicateur, au contraire, descend du général au particulier, ou de la thèse à l'hypothèse, parce qu'il veut des détails. (Voir Gibert, *Jugement des savants sur les auteurs qui ont traité de la rhétorique,* 3 vol. in-12. Paris, 1713-16-19, t. II, p. 293.)

(33) Cette distinction mérite d'être faite : Mélancthon, qui dans sa jeunesse avait composé une *Rhétorique,* ajoutait aux trois genres anciens le genre de la chaire, qu'il nommait le *Didactique* (Voir Gibert, ouvrage cité tout à l'heure, t. II, p. 250). Cette dénomination est parfaitement protestante : le comte Joseph de Maistre y eût vu l'aveu tacite de l'amoindrissement du ministère évangélique et la destinée de l'éloquence chrétienne dans tous les pays de la réforme ; et il nous semble qu'il aurait eu raison.

(34) Voir le célèbre exorde du discours prêché à Paris, en 1751, dans l'église de St-Sulpice (Maury, *Essai sur l'éloquence de la chaire,* chap. 20, et Marmontel, article déjà cité). Ce dernier paraît incliner à croire que ce morceau est dû à l'imagination de Maury, tout autant qu'à sa mémoire : il nous reste de Bridaine, dit-il, au moins, s'il faut croire l'abbé Maury, un morceau à côté duquel tout paraît faible en éloquence.

(35) *Grand Carême , premier Dimanche, Sermon sur la parole de Dieu,* seconde partie, p. 162, du t. I. d'une édit, de Paris, in-12, 1759. Voilà ce qu'un ministre luthérien, calviniste

ou anglican n'aurait pas pu dire : Massillon ne s'élève pas avec moins de force contre ceux qui viennent l'entendre, et il devait y en avoir beaucoup, en curieux et en amateurs. L'Écriture, qu'il connaissait si bien, et savait si bien appliquer, lui fournit ici les allégories les plus heureuses. « Les ministres de la parole, obligés de recourir aux artifices d'une éloquence profane, et de chercher dans les sciences ou dans le langage d'un monde ennemi des ornements étrangers pour embellir la simplicité de l'Évangile, sont, à ses yeux, les Israélites forcés de descendre chez les Philistins pour aiguiser les instruments avec lesquels il leur faut cultiver la terre; ibid. p. 184. Et, pour les auditeurs, on peut leur appliquer ce que Joseph, devenu le ministre de Pharaon, disait par pure feinte à ses frères : Ils ne viennent pas chercher de la nourriture ; ce sont des espions venus pour remarquer les endroits faibles de la contrée : ibid. p. 182. Ou bien encore, ce sont les habitants de Babylone, disant à leurs captifs, tristement assis sous les saules qui bordent l'Euphrate, de leur chanter quelques-uns des cantiques de Sion : ibid. p. 185.

(36) Aristote, *Rhétorique*, liv. 3, chap. 12, au début même de ce chapitre, après avoir établi qu'il y a un style ou une diction propre à chaque genre d'éloquence, réforme la division qu'il avait donnée dans son premier livre : il reconnaît ici une diction, et par conséquent une éloquence qu'il appelle écrite γραφίκη ; et puis par opposition, une diction ou éloquence propre à la discussion, aux débats, et qu'il nomme ἀγωνιστικη. Sous ce dernier genre, il place et le délibératif et le judiciaire. Il suit de là, et c'est, du reste, une chose qu'Aristote reconnaît assez formellement, que le genre d'apparat qu'il nommait précédemment épideictique est identifié avec ce qu'il appelle ici l'éloquence écrite. Voici ses propres paroles : Ἡ μὲν οὖν ἐπιδειχτίχη λέξις γραφιχώτάτη, τὸ γὰρ ἔργον αὐτῆς ἀναγνώσις. Ibid. Vers la fin du chapitre. Ceci nous fait croire qu'Aristote aurait approuvé la réforme que nous proposons.

(36 bis.) Essais, liv. 1er, chap. 36, vers la fin, c'est de la poésie que parle Montaigne. Mais cela peut tout aussi bien s'appliquer à

l'art oratoire. On remarquera que mieux encore que Longin Montaigne nous donne ici le modèle de la chose qu'il définit.

(37) Cap. xxix, § 101, 102. En lisant ce passage de Cicéron, on pourra croire au premier abord que nous en abusons quelque peu; car il y est question des trois genres de style, plutôt que des trois éléments ou des trois actions qui constituent et l'art oratoire et l'éloquence : mais, si l'on y fait bien attention, on trouvera que, si nous confondons ces choses, c'est que dans l'esprit de Cicéron, comme aussi dans la nature, elles se confondent réellement. Supprimez, en effet, le rapport qui existe entre chacun des trois genres de style, et chacune des trois actions que peut avoir à exercer l'orateur, et dès lors cette distinction des styles si généralement admise, n'a plus ni fondement ni valeur ; car non seulement il y a au fond plus de trois genres de style : mais on peut dire qu'il y en a premièrement autant que de matières sur lesquelles on peut écrire, et secondement autant que d'auteurs véritablement dignes de ce nom, c'est-à-dire d'écrivains originaux. Sous ces deux rapports, ainsi que l'on voit, on arrive bien vite à l'indéfini. Mais malgré cette variété, ou plutôt à cause même de cette variété presque infinie, admettez ce qui est vrai, qu'il est un style à peu près de rigueur, quand on veut instruire et prouver, le style simple ; que, comme la passion est poète, chaque fois que l'on est ému et que l'on veut émouvoir, on en prend naturellement un autre tout différent, le style noble ou élevé : admettez enfin, ce qui n'est pas moins vrai, que, quand on veut plaire, on ne prend pas moins naturellement un autre style, style intermédiaire entre les deux autres, et qu'on nomme le tempéré, et vous trouvez tout aussitôt à cette division et sa raison et sa base. Ici même s'offre à nous l'occasion de revenir sur une observation présentée trop rapidement, page 17, et qui a pourtant son importance. Dans l'analyse que les premiers rhéteurs firent du pouvoir de l'éloquence, était, avons-nous dit, une division plus naturelle que celle qui se tire du nombre des opérations par lesquelles doit passer l'œuvre oratoire ; et la preuve, avons-nous ajouté, c'est que cette division naturelle revient et perce sous chacun des membres de la division que l'on a cru devoir adopter, et

que nous sommes loin du reste de désapprouver. C'est ce dont il est très aisé de s'assurer, en parcourant la table des matières d'une Rhétorique quelconque. Que trouvez-vous en effet, dans la première partie, celle qu'on nomme invention? 1° preuve, ou l'élément logique; 2° mœurs ou l'élément politique; 3° passions, c'est-à-dire, l'élément esthétique ou pathétique. Arrivez-vous à la seconde partie, ou à la disposition? Ramenez à leur nombre naturel les six parties du discours, et vous n'en trouverez plus que trois : 1° le début, autrement l'exorde, où doit régner l'élément politique, puisque là il faut le plus souvent s'appliquer à plaire; 2° la partie centrale, la confirmation, où, et son nom le dit, doit régner l'élément logique; 3° la fin, la péroraison, où, si le sujet et les circonstances en autorisent l'emploi, dominera l'élément esthétique ou pathétique. Passez à la troisième partie, à l'élocution. Là, comme on vient de le voir, la distinction des trois genres de style reproduit nettement la division naturelle et fondamentale. Ajoutons même que c'est dans cette division première que se trouvera peut-être un jour une chose qui nous manque jusqu'ici, nous voulons dire une classification logique des figures. Enfin, cette division se reproduit jusque dans la dernière partie, dans celle que l'on nomme l'action. Car les intonations comme les gestes correspondent bien évidemment aussi à l'un ou à l'autre de nos trois grands éléments. Rien donc, on le voit, ne s'enchaîne avec plus d'ordre et de méthode que ce corps d'observations, de préceptes et de règles, qu'on appelle la Rhétorique; rien ne mérite mieux le nom d'art que lui refusait Platon.

(38) Avant que Démétrius de Phalères, sorti de l'école de Théophraste, vînt faire sur les Athéniens soumis à la Macédoine, l'essai de cette délicate et molle éloquence qui, selon l'expression de Cicéron, était propre à *baigner* et à *détremper les âmes, mais non point à les briser* (*Brutus*, cap. ix, § 37, 38), le matelot Démade, suivant du reste la même ligne politique, et gouvernant aussi en ami des maîtres de la Macédoine, avait fait sur eux avec non moins de succès l'essai d'un tout autre genre d'éloquence. D'après les quelques mots qui nous ont été conser-

vés de cet orateur, que Démosthène reconnaissait pour son maître
en fait d'improvisation, sa manière hardie, à la fois triviale et gran-
diose, avait une singulière analogie avec celle des orateurs de la
convention. « Il osait dire aux Athéniens qu'ils n'étaient ni leurs
» maîtres, ni les siens (Suidas, au mot Démade). Athènes était un
» vaisseau naufragé dont il gouvernait les débris. (Plutarque,
» *Vie de Phocion*, 1er chap.); la république n'était plus la fière
» amazone des temps passés, l'héroïne qui avait combattu sur les
» galères d'Artemisium et de Salamine. C'était une vieille femme
» qui avait mis ses sandales et s'inondait de tisane. (Démétrius,
» *Traité de l'élocution*, § 303, p. 182, de l'édit. de Glascow,
» 1743, in-8°). Ce n'était point lui qui avait rédigé tel ou tel dé-
» cret; c'était la guerre qui l'avait écrit avec la lance d'Alexandre
» (Ibid. § 301, p. 180). Le conquérant, disait-il, n'est point mort;
» car l'odeur de son cadavre monterait au nez de tout l'univers.
» Quand il le fut réellement, Démade comparait l'armée Macé-
» donienne, privée de son chef, au cyclope dont Ulysse avait crevé
l'œil. » On sait l'heureuse application que Bacon a faite à l'histoire
de cette comparaison. Il n'y a rien de ce caractère dans le discours
qui figure sous son nom dans les collections des orateurs grecs,
et dont l'authenticité est plus que douteuse. Car il était reconnu
chez les anciens que Démade n'avait rien écrit. C'est une apologie
de douze ans de son administration ; cet homme n'était point
du reste aussi servile qu'on pourrait le supposer. Après la bataille de Chéronée, il osa rappeler Philippe du rôle de Thersite
à celui d'Agamemnon, et obtint du vainqueur la liberté d'un bon
nombre de prisonniers Athéniens. Sa mort, plus tragique encore
que celle d'Hypéride et de Démosthène (car avant de mourir,
il vit égorger son fils sous ses yeux), fut le châtiment d'une in-
trigue dont le but était de profiter des divisions des généraux
d'Alexandre pour alléger au moins le joug qui pesait sur son
pays.

(39) Cette rudesse était plus démagogique ou courtisanesque
que l'on ne pense ; les duretés apparentes de Démosthène étaient au
fond des compliments déguisés et qui n'en étaient que plus pi-

quants. Il fallait plus de franchise et de liberté pour parler comme Phocion ou Eschine, et représenter aux Athéniens qu'ils n'étaient pas de force à disputer à Philippe la prééminence, et devaient se contenter de leur liberté. Ce fut la vanité athénienne qui fit triompher Démosthène, et le fameux serment par les guerriers de Marathon n'était qu'un appel adroit fait à cette *vanité.*

(40) Dans ses Dialogues sur l'éloquence, et surtout dans sa lettre à l'Académie, Fénelon laisse assez ouvertement percer sa préférence pour Démosthène : mais il est bien plus explicite encore dans son trentième Dialogue des morts. Là Cicéron est tout à fait sacrifié à son grand rival. Il l'est du moins avec les ménagements qui lui sont dus. Il n'en est pas de même dans le discours inaugural prononcé par lord Brougham en qualité de lord recteur de l'université de Glascow, en 1825. Ce n'est pas seulement au dessous de Démosthène, mais de tous les orateurs athéniens que le célèbre avocat anglais place Cicéron, auquel il reproche sérieusement la manière de l'école asiatique, et que dans une comparaison qui décèle quelque peu d'ignorance et de mauvais goût, il ose nommer *Une coquette de Rhodes ou de Chio assez maniérée pour captiver le goût peu délicat de Rome à demi civilisée,* p. 11 de la Traduction française par M. Constantin, brochure in-8°, Paris, 1826. L'éloquence de Rhodes n'était point coquette, mais simplement un peu froide et terne : et pour ce qui est du style asiatique, si lord Brougham se fût donné la peine de relire dans *Cicéron, Brutus,* xcv, § 325, la manière dont sont caractérisées les écoles non pas de Chio, cette île n'en a jamais eu que nous sachions, au moins de célèbre, mais bien celle d'Alabande, de Milet et de Gnide; s'il eût également lu quelque peu les Pères de l'Église grecque, qui furent si éloquents en dépit de leur style asiatique, il n'aurait point répété contre Cicéron cette accusation de l'envie contemporaine. Cicéron n'est pas plus asiatique qu'Eschine : il ne l'était sans doute pas non plus davantage qu'Hypéride. La seule observation, vraie du moins, sur ce point, qui se trouve en ce discours, c'est que la manière des

orateurs grecs est bien plus en rapport avec ce que l'on demande tant au barreau qu'à la tribune à nos orateurs modernes, que ne peut l'être l'éloquence romaine. Là même est un fait curieux, mais dont il faut, selon nous, chercher les causes ailleurs que dans l'asiatisme prétendu de Cicéron.

(41) Plutarque, qui, vu son peu d'intelligence dans la langue latine, se récuse ainsi que l'on sait, comme juge du talent des deux orateurs, laisse assez comprendre pourtant que si Démosthène est à ses yeux plus grand orateur, Cicéron est d'un autre côté un homme et bien plus complet, et bien autrement digne et moral.

(42) *De Officiis*, lib. i, cap. xxxi. Rien ne s'applique mieux à l'art oratoire que les sages principes de conduite que Cicéron donne dans ce chapitre; qu'on lise attentivement les textes que nous allons transcrire et l'on en sera convaincu. «Sic enim est faciendum, ut contrà universam naturam nihil contendamus, eâ tamen conservatâ, propriam naturam sequamur, ut, etiam si sint *alia graviora atque meliora*, tamen nos studia nostra nostræ naturæ regulâ metiamur....Omnino si quidquam est decorum, nihil est profecto magis quam æquabilitas tum universæ vitæ, tùm singularum actionum : quam conservare non possis *si aliorum naturam imitans* omittas tuam.... Quæ contemplantes expendere oportebit, *quid quisque habeat suí eaque moderari, nec velle experiri quàm se aliena deceant. Id enim maxime quemque decet, quod est cujusque maxime suum.*

(43) Ipsum etiam eloquentiæ genus alios aliud decet. Nam neque tam plenum, et erectum, et audax, et percultum senibus convenerit quam pressum et mite et limatum, et quale intelligi vult Cicero, cum dicit orationem suam *Cœpisse canescere.* Quintilien, lib. xi, cap. i, p. 645, édition d'Obrecht. Voir aussi dans le *Brutus,* chap. xcv, le curieux jugement que Cicéron porte sur son rival Hortensius.

(44) Ut ex nervorum sono in fidibus quàm scienter ei pulsi sint intelligi solet, sic ex animorum motu cernitur, quid tractandis his perficiat orator. Itaque intelligens dicendi existimator, *no.i*

assidens et attente audiens, sed uno aspectu et præteriens de oratore sæpe judicat. Videt oscitantem judicem, loquentèm cùm altero, nonnunquam etiam circulantem, mittentèm ad horas, quæsitorem, ut dimittat, rogantem, intelligit, oratorem in eâ causâ non adesse, qui *possit animis judicum admovere orationem, tamquam fidibus manum.* Idem si præteriens, adspexerit erectos, intuentes judices, ut aut doceri de re, idque etiam vultu probare videantur; aut ut avem cantu aliquo, sic illos viderit oratione quasi suspensos, teneri; aut id quod maximè opus est, misericordiâ, odio motu, animi aliquo perturbatos esse vehementius : ea si *præteriens, ut dixi, aspexerit, si nihil audierit, tamen oratorem versari in illo judicio et opus oratorium fieri aut perfectum jam esse profecto intelliget. Brutus,* cap. LIV, § 199 et 200.

(45) Du chap. V au XI, nous citons partout Tacite comme l'auteur de ce dialogue. Nous savons bien pourtant qu'on le lui a souvent disputé pour le donner, soit à Quintilien, soit même à l'un des interlocuteurs qui s'y trouvent introduits. Mais nous pensons avec M. Dureau de la Malle qu'on y trouve an plus haut degré la qualité dominante du style de Tacite, non pas, il est vrai, celle qu'y ont mal à propos, presque exclusivement vue les modernes, la concision, mais celle qu'y voyaient ses contemporains, et que, comme nous le trouvons dans les lettres de Pline, ils nommaient si bien la majesté, σεμνότητα. Il y a plus, dans les opinions politiques qui s'y trouvent professées, dans le compromis qu'on y propose entre l'ancien goût et le goût nouveau, comme enfin dans la préférence qu'on y donne à la poésie sur l'art oratoire, nous reconnaissons bien nettement Tacite, partisan et apologiste du principat; Tacite dans lequel les deux goûts s'unissent aussi bien qu'ils pouvaient le faire, dans lequel Lucain coudoie Virgile, et Sénèque étrangle parfois Cicéron; Tacite enfin, qui nous semble après Virgile le plus grand poète des lettres romaines.

(46) Qui præstantes poetas, ingenti voluptate perfusi, æque tanta admiratione correpti, legite sublimes oratores, qui mirâ arte ad corruptam naturam accomodatâ animos quantumvis obfirmatos affectibus, qui a corpore commoventur, in prorsùs contraria volentes contorquent : quod *unus præterea præstat optimus Maxi-*

mus Deus, at per suas in immensum adversas victricium auxi-
liorum divinas vias, quibus hóminum quantumlibet affectibus
terræ defixas mens cœlesti voluptate ad se trahit. De mente he-
roicâ. Oratio habita in regiâ Neapolitana academia, anno 1732.
Joh. Baptistæ Vici latinæ orationes nunc primum collectæ, 1 vol.
in-8º. Naples, 1766, p. 59.

(47) C'est pour n'avoir pas découvert cette clef des trois grands
traités oratoires, qu'on a cru quelquefois trouver du désordre,
là où règne au contraire l'ordre le plus lumineux. Le premier livre
du *De Oratore*, est tout entier, comme notre travail, consacré à
l'examen des questions prolégoménales; au second, Marc Antoine
forme l'homme du métier, l'homme disert; au troisième, Crassus
entreprend de former l'homme éloquent ou l'artiste. La même
remarque s'applique aussi justement à l'*orator*, vrai supplément
du dernier livre du grand Dialogue. Les treize premiers chapitres
sont encore en grande partie consacrés à des questions de Prolégomènes. Cinq chapitres seulement, de xiv à xix, sont pour l'homme
du métier; les cinquante-deux suivants sont pour l'artiste. La
même distinction est encore à faire dans le *Brutus*. Si l'auteur y
montre pour l'homme de métier une indulgence excessive, il y
montre d'un autre côté les plus grandes exigences pour l'artiste.
Nulle théorie n'est donc mieux liée : on peut l'attaquer peut-être
sur quelques points; mais on y chercherait en vain la plus légère
absence d'logique et la moindre contradiction.

(48) Le nom même d'homme éloquent, dit Cicéron, dans son
Orator, ap. xix, § 61, indique assez « que le résultat de
» toutes les autres opérations à faire par l'orateur doit rester ca-
» ché, en ce qu'appartenant également à d'autres que lui, tandis
» qu'au contraire le résultat de la troisième opération, de celle
» qu'on nomme l'élocution, lui étant à peu près exclusivement
» propre, doit ressortir et trancher sur tout le reste. » *Quintilien,*
live viii, chap. i, répète cette observation, et ajoute : aussi est-ce
la partie de l'art qui s'enseigne le plus, *hoc itaque maximè doce-
tur.* Les rhéteurs modernes ont en général souscrit à l'opinion de
Cicéron : elle se trouve même assez souvent appuyée chez eux de
l'autorité de deux grands noms. Ils citent Racine disant beaucoup

trop modestément, comme l'a remarqué Marmontel, *e qui me dis-*
tingue de Pradon est que je sais écrire ; ou Voltaire généralisant
ce mot, dans les lignes suivantes : « Presque toujours les choses
» que l'on dit frappent moins que la manière dont on les dit : les
» hommes ont à peu près les mêmes idées sur ce qui est à la
» portée de tout le monde : l'expression et le style font toute la
» différence. » Il y a ici, disons-le, une erreur que Montaigne
avait combattue d'avance (*Essais*, liv. ıiı, chap. 5), mieux encore que ne l'a fait Marmontel (*Encyclopédie*, article style).
Entre les idées au fond et objectivement les plus analogues et les
plus semblables, il y aura toujours subjectivement la différence très
réelle qui résulte de la trempe diverse des esprits et des caractères. Quant à ce que dit Cicéron, les quatre opérations oratoires
étant telles que la première est toujours généalement impliquée
dans la suivante, les deux dernières, qui supposent les deux pré-
cédentes, doivent attirer davantage l'attention, précisément parce
qu'elles sont plus complètes; d'où il suit que dans la remarque
de Cicéron, il ne faut pas chercher la vérité absoue, plus que
dans l'hyperbole que l'on prête à Démosthène sur l'action. De là
suit que dans le style, il ne faut pas, comme l'a si bien dit M. Villemain « voir une chose à part qui s'enlève et se remet, qui ne
» tienne pas à toute la pensée ; mais bien la passion , naturel,
» l'âme mise en dehors. » Le style n'est ni le vêtement ni même
l'ombre de la pensée, c'est la pensée même avec sa forme et son
attitude ou sa marche et son allure : de là suit enfin, pour parler
comme Montaigne, que quand on voit *de braves form de s'ex-*
pliquer, bien vives, bien profondes, il ne faut pas s'crier que
c'est bien dire, mais que c'est bien sentir et bien penr ; et que
dans tous les chefs-d'œuvre des lettres et des arts, faut voir
des peintures conduites non tant par dextérité de la main,
comme pour avoir eu l'objet, plus vivement empreinen l'âme.

(49) Cedant arma togæ, concédat láurea linguæ.

Un fait méritait d'être remarqué, et ne l'a point été jusqu'i,
que nous sachions. C'est que si l'on en croit Eschine, Cicéro
imitait ou plutôt traduisait ici Démosthène : « Si quelqu'un
des généraux réclamait, dit Eschine, pour asservir les magistrats et les habituer à n'oser en rien le contredire, il disait

hautement qu'il ferait décider la prééminence de la tribune
sur le camp ou le prétoire, et qu'il avait bien plus fait pour vous
à la tribune que les généraux au prétoire. Εἰ δέ τις αὐτῷ τῶν
στρατηγῶν ἀντεῖποι, καταδουλούμενος τοὺς ἄρχοντὰς καὶ συνεθίζων
μηδὲν αὐτῷ ἀντιλέγειν διαδίκασιαν ἐφὴ γραψεῖν τῷ Βήματι πρὸς
τὸ στρατηγεῖον · πλείω γὰρ ὑμᾶς ἀγαθὰ ὑφ᾽ ἑαυτοῦ ἐφὴ ἀπὸ τοῦ
βημάτος πεπονθέναι, ἢ ὑπὸ τῶν στρατηγῶν ἐκ τοῦ στρατηγείου.
(Discours contre Ctésiphon, p. 74, éd. de Henri-Étienne.)

(50) Nous avons cité, p. 47, la comparaison, qu'au 2me livre du
de oratore Cicéron fait de l'orateur au musicien, et de la foule
à la flûte ; il reprend cette comparaison dans le *Brutus*. Ita
se, inquam, res habet ; ut si tibiæ inflatæ non referunt sonum,
abjiciendas eas sibi tibcen putet ; sic oratori populi aures,
tanquam tibiæ sunt : ex si inflatum non recipiunt, aut audi-
tor omnino tanquam equus non facit, agitandi finis faciendus est. »
(Cap. LI. § 192.)

(51) C'est le mot χορηγία. Nous ne pouvons nous empêcher d'y
voir un corrélatif très remarquable des mots latins : *Rem gerere*
pour combattre, et *Res gestæ* pour exploits ou faits de guerre.
Ces deux derniers mots ne figurent pas mieux dans la langue
des enfants de Mars que l'autre dans celle de la cité de Minerve.
Le génie des deux peuples se peint en ces synecdoques qui nous
montrent si clairement dans le premier, le peuple de la guerre et
de la tactique ; dans l'autre, celui des arts, des lettres et de l'esthétique.

(52) Le génie est aussi de l'humeur de Jules César :
« Nil actum reputans si quid superesset agendum. »
Et c'était sous son emblème le plus vrai que Napoléon voulait
se dresser sur la toile, quand il demandait à être peint *calme
sur un cheval fougueux*. Noble ambition, aptitude à la patience,
telle que Buffon la voulait, merveilleux équilibre de la fougue
et du calcul, ou la raison, par bonds et saillies, comme parle
Montesquieu ; ces trois attributs du génie, étaient, on le voit, dans
la trinité conquérante.

(53) « Animadverti prætereà (videris quid cæteri sentiant), obesse dicentibus Rhetoricæ artis nimiam disciplinam. Ces mots se lisent presqu'au début des syntomau Rhetoricæ de Julius Severianus, que Popma Phrysius, dans l'édition qu'il en publia à Cologne, en 1569, donnait comme l'ouvrage du célèbre polygraphe Cornélius Celsus, qui, comme on le sait par Quintilien, avait écrit sur la Rhétorique. Il n'y aurait au fond rien d'étonnant à ce que Severianus fût l'abréviateur de Celsus. Son petit livre est bien incontestablement le plus curieux, on pourrait presque dire le seul curieux de tous ceux qui sont compris dans la collection des « Rhetores minores. » L'auteur, quel qu'il soit du reste, explique très bien la pensée que nous venons de citer, en disant à la fin de son livre : « horum est prætereà natura præceptorum, ut etiam obesse videantur, si mediocriter nota sint, quæ tunc infinitè proderunt, si animo frequenti usu insculptà permanserint.

(54) Le comte Joseph de Maistre, qui a dit de nous tant de mal, et qui en pensait tant de bien, après avoir parlé de la magistrature que la France exerce sur le reste de l'Europe, s'exprime ainsi : « La Providence, qui proportionne toujours les moyens à la fin, et qui donne aux nations comme aux individus, les organes nécessaires à l'accomplissement de leur destination, a précisément donné à la France deux instruments, et pour ainsi dire, deux bras avec lesquels elle remue le monde : *sa langue* et l'*esprit de prosélytisme* qui forme l'essence de son caractère ; en sorte qu'elle a constamment le *besoin* et le *pouvoir* d'influencer les hommes. La puissance, j'ai presque dit, la monarchie de la langue français est visible : on peut, tout au plus, faire semblant d'en douter. Quant à l'esprit de prosélytisme, il est connu comme le soleil ; et depuis la marchande de mode jusqu'au philosophe, c'est la partie saillante du caractère national. » Considérations sur la France, 4ᵉ édition, Paris, 1814, 1 vol. in-8° p. 27. Cette le comte de Maistre appelle si bien notre esprit de prosélysme, c'est le besoin d'expansion dans lequel nous avons vu le second et le plus puissant des deux principes de toute éloquence.

(55) Caton disait au 2ᵉ livre de ses *Origines*, dans un texte que nous a conservé le grammairien Charisius : « Pleraque Gallia duas res industriosissime persequitur, rem militarem et argutè loqui. » (On voit que nous n'avons pas changé.) Tacite met ces mots dans une harangue de Cérialis aux habitants de Trève et de Langre. « Apud vos verba plurimum valent ; bonaque ac malanon suâ naturâ, sed vocibus seditiosorum æstimantur. » *Histoires*, liv. 4, chap. 73.

www.ingramcontent.com/pod-product-compliance
Ingram Content Group UK Ltd.
Pitfield, Milton Keynes, MK11 3LW, UK
UKHW022237120726
13694UKWH00003B/857

9 782014 092677